『21세기 공화주의』 (제2집)

21세기 공화주의와 공동선, 한국

『21세기 공화주의』(제2집)

21세기 공화주의와 공동선, 한국

21세기공화주의클럽 지음

인간사랑

차례

머리말

지금은 민주주의자들의 책임을 생각할 때다

나라의 발전은 시민생활의 튼튼함에 기초한다. 우리나라의 시민들은 양극화의 문제점만 제외하고 본다면 상당한 정도로 경제적 기초와 교육·문화 수준이 높아졌다. 이제 선진국의 문턱은 확실히 넘어선 것 같다. 그러나 복도를 거쳐 안방 깊숙이까지 들어가서 세계의 선진국들로부터 칭찬 박수도 받고 확실한 대접을 받기 위해서는 우리가 분발해야 할 일이 아직 많아 보인다. 이렇게 커진 국력을 더욱 고양시키는 최선단의 작업이 정치이다. 정치는 기층 시민사회의 생활에서도 지속적으로 이루어진다. 하지만 이로부터 상승한 기운을 최대, 최선으로 집중시키고 정리하고 활용하여 나라 전체를 원활히 순환시키고 역동성을 부여하는 국가 차원의 정치는 별도로 중요한 과제라 하지 않을 수 없다. 그런데 현대 정치는 정당정치로 귀결된다. 그래서 정당이 정치를 결정한다. 따라서 정당이 미흡하면 정치 수준도 저하되고, 정치력 저하는 현재 보유한 국력조차 소진시켜 나라 발전에 역기능을 초래한다.

우리나라의 정당과 정치는 어떠한가? 현재는 집권당인 더불어민주당과 야당인 미래통합당 두 축으로 이루어져 있다. 여당은 지난 3년 전 촛불혁명을 배경으로 대통령선거에서 승리하고, 이듬해 2018년 6·13지방자치선거와 금년 4·15국회의원 선거에서 연속 압승하였다. 특히 금년 총선거에서는 여당 180석, 야당 103석이라는 격차를 벌림으로써 여당은 입법 의결 정족수를 넘치게 확보했고, 17개의 상임위원장 전체를 독차지하는 무소불위의 지위를 과시하게 되었다. 문제는 정당의 질적 수준에 있다. 한마디로 말해서 우리나라의 정당들은 수준 이하에 처해있다. 시대적합도의 기준에서 어림잡아 볼 때 민주당과 미통당의 질적 수준은 각각 70점(미만)과 40점, 즉 7:4 정도로 보인다. (시대적합도가 무엇이냐 하는 것은 바로 이 책에서 말하고 있는 공화주의라고 말할 수 있다!) 민주당은 민주주의라는 목적에 충실하면서 지지자들을 포함하여 지난 민주화투쟁 기간에 걸쳐 정치훈련이 많이 된 구성원으로 집단을 이루고 있다. 그 결과 당의 결속력이나 목표가 뚜렷하다. 하지만 30년 전 군부독재와 투쟁하던 그 논리에 사로잡혀 시민정치는 없고 승리를 향한 전략적 운동정치가 지배하는 시대착오적인 집단이 되고 말았다. 반독재 민주화 투쟁 속에 내재한 반민주성을 탈피하지 못한 채 스스로의 한계에 봉착한 것이다. 진짜 문제는 이들이 자신들의 문제점을 모른다는 사실이다. 그들은 지금도 반일·반독재 투쟁의 연장선으로 보기 때문에 현재 상황과 다른 이들과 다른 역사에서 살고 있는 듯하다. 한편 미통당은 자유민주주의와 시장경제를 정강으로 삼아왔지만, 이 목표는 일찍부터 명목화되었다. 현실에서는 자유=반공의 고식적인 안

보론과 통일관에 사로잡혀 40, 50년 전의 고루한 정치관으로 지지자들을 오도하고 있는 것이다. 경제성장과 산업화에서 장점을 남긴 것이 사실이지만, 숱한 부정부패로 인하여 그 장점은 거의 상쇄되어 버리고 만 지경이다. 이렇게 해서 두 개의 정당 간에도 상대적 차이가 존재하기는 하지만, 시대적합도에서는 양당 모두가 한참 미달된 상태로 함께 우리 정치를 독차지하고 있는 것이다. 그러니 정치가 잘 될 턱이 없다. 결국 나라가 순항하지 못하고 답보와 퇴행만을 반복하고 있다.

지금 우리에게는 85점에서 95점에 이르는 그런 탁월성을 가진 정당이 필요하다. 그래야 나라를 확실한 선진국을 만들어 갈 수 있기 때문이다. 그런 점에서 양당 모두 환골탈태하는 변화를 통해서 그 수준을 높일 것이 요청된다. 두 정당 모두에게 그 기회와 가능성은 열려 있다. 여당은 열린 민주주의의 자세로 나아가야 하고, 야당은 시대에 맞는 자유민주주의와 경제발전론으로 재무장해야 할 것이다. 높은 수준을 먼저 달성한 정당이 더 큰 국민적 지지를 받게 될 것이다.

이런 당위적 요청에도 불구하고 두 정당의 형세를 보면 큰 기대를 할 수가 없다. 각각의 정당이 단단한 박스(상자) 속에 갇혀 있기 때문이다. 폐쇄된 상자 안에서 내부의 결속력만 다지고, 닫힌 논리만 재생산하는 곳에서 무슨 민주주의가 있고, 무슨 자유주의가 있겠는가? 정치비평가들은 이런 현상을 적대적 공생관계라고 희화화한다. 하지만 나라의 발전을 걱정하는 입장에서 보면 이런 답답한 상자들은 이제 그냥 봐줄 수가 없다. 용도폐기할 시기가 바로 목전에 와 있는 것이다. 그래도 이 또한 자유와 민주주의에 부합하게 변화시켜야 할 것이니 양당을 자극시킬 수 있는 새로운 각성제를 만드는 수밖에 없다. 그것은 곧 새로운 정치운동, 새로운 정당을 만들어 내는 것이다. 새로운 바람으로 새로운 길을 열어야 한다. 이 새로운 정치는 공화주의의 깃발 아래 진행되는 것이 마땅해 보인다. 공화주의는 우리 헌법과 정치의 마지막 단계다. 대한민국이 지향하는 민주공화국은 자유–민주–공화국의 순서로 발전해가기 때문이다. 공화국은 자유주의와 민주주의를 총괄하는 상위의 개념이다. 나라를 나라답게 만들어 국민들의 행복과 국가의 격을 최대화시키는 나라 만들기가 곧 공화국 운동이다. 공화국은 민주주의의 완성형이다. 공화국에는 당연히 개인의 자유도 있고, 자유가 확대된 민주도 있고, 모두의 공동목표로서의 공동선도 존재한다.

우리 공화주의클럽은 이런 문제의식 속에서 『21세기 공화주의』(제2집)를 발간하게 되었다. 작년에 발간했던 제1집이 공화주의의 핵심개념 중에서 '비지배적 자유'의 중요성에 초점이 맞추어졌다면, 이번 제2집은 '공동선'에 비중을 둔 글들이 많다. 아마도 공화주의는 비지배적 자유에 기반한 개인과 사회가 공동선을 향해 나아가는 이념이라고 생각된다.

이 책의 구성은 2부로 나뉜다. 제1부는 '공화주의와 공동선, 시민'을, 제2부는 '공화주의와 한국'을 주제로 전체 6인이 집필에 참여하였다.

제1부 제1장은 한면희의 "역사적 궤적의 공화주의와 공동선"이다. 이 글은 공화주의 논의의 역사적 계보를 일목요연하게 설명하고 있다. 공화주의 사상을 처음 접하는 이들에게는 길을 찾아 헤매는 시간을 절약할 수 있는 아주 좋은 길 안내서가 될 것이다. 그 가운데서도 필자 자신의 입장도 분명히 나타나 있다. 즉, 신로마 공화주의와 그와 흐름을 같이 하되 궤를 달리하는 공동체주의적 공화주의의 갈래에 좀 더 역점이 주어지고 있

다. 특별히 현대 공화주의의 모범이 되었던 미국이 건국 초기 때와는 달리 오늘날 많이 퇴색하고 있는 정치현실에 대한 비판과 대안을 제시한 마이클 샌델의 공화주의론을 소개하고 있다.

제2장 윤원근의 "동감문명과 공화주의"는 독립된 개인과 역사적 공동체의 균형을 추구하는 새로운 공화주의를 추구한다. 필자는 그것을 '동감공화주의'라고 부르고 있다. 동감 원리는 모든 인간을 평등한 존재로 보고 상대방의 동감을 얻는 것을 행위의 중심으로 삼는다. 동감은 공화주의의 핵심 가치인 비지배를 더욱 근본적이고 적극적으로 표현한 것이다. 필자는 동감 공화주의는 자유주의와 공동체주의의 양, 극단을 중화시키는 해독제 역할을 할 수 있다고 말한다. 동감공화주의를 위해서는 무엇보다도 유한 세계관이 뒷받침되어야 하는데 이는 미국 건국시기의 청교도가 가졌던 칼뱅의 사상에서 유래한다.

제3장 김동규의 "무정과 다정 사이"는 짧고 평이한 필치로 쓰였지만 공화주의 메시지가 뚜렷하게 담겨있는 글이다. 필자는 우리 국민들 사이에 잠재하고 있는 문화적 본능인 온정적인 가족주의를 넘어설 것을 주장한다. 가족의 다정함을 벗어나 눈을 떠야 무정한 국가, 국제사회의 관계를 이겨내 정의로운 국가를 만들 수가 있다는 것이다. 개인적으로나 국가적으로나 어른이 된다는 것은 '무정(無情)'과 화해하는 것이다. 우리 사회가 공화국이 되기 위해 꼭 필요한 조언을 보내고 있다.

제2부는 공화주의를 한국 사회에 적용해 본 글들이다. 제4장 조민의 "한국 현대사 백년의 재조명"으로 시작된다. 이 분야의 해박한 지식을 가진 필자는 한국 현대사 100년은 분단과 분열로 귀결된 현실을 맞았다고 진단한다. 특히 남북한의 정통성을 문제 삼은 부분이 의미 있고 인상적이

다. 남북한 모두 외세에 의한 '외삽국가'라는 비극 가운데서 출발했지만 과거보다 미래를 위해 더 중요한 것은 향후 누가 한반도의 정통성을 가질 것인가라는 문제의식이다. 필자가 제시하는 정통성의 세 가지 조건 중의 하나로 한반도 전체를 아우를 수 있는 통합적 가치인 민주주의의 퇴행 혹은 붕괴를 막기 위해서 공화주의가 필요하고, 이를 통한 진영정치를 넘어서야 한다는 대안을 제시하고 있다.

제5장은 함규진의 "전통사상의 공화주의적 민주시민교육에서의 활용"이다. 우리의 전통 중에서 민주시민교육에 접합시키는 대상과 방법에 대한 난해한 주제에 관하여 고민하고 있다. 전통은 공화주의적 자유 즉 '비지배적 자유'와 어울리는 한에서 현대적으로 채용이 가능하다. 이런 조건에서 필자는 회통과 공의 정신을 대표적으로 꼽았다. 우리의 신화와 종교와 사상에 줄기차게 이어지는 공의 정신은 공화주의와 가장 잘 연결되는 전통적 정신이라 했고, 회통 또한 '서로 다른 주체가 주체성을 잃지 않으면서, 화해와 통합을 모색함'이 지향하는 가치를 담은 정신으로 공화주의와 직결될 수 있는 것으로 보았다. 회통을 보완하기 위해 활언의 정신을 추가하고 있다.

제6장은 채진원의 "한·일 민족주의와 진영논리에 대한 비판 그리고 공화주의"이다. 민주화운동 30년이 지나도록 현재까지 운동권 논리를 그대로 지닌 현재 집권당의 문제점을 비판하고 민주공화국이 임시정부헌법에 들어온 지 101년이 되는 해에 새로운 백년을 위한 글로 집필되었다. 지금 시기를 일제강점기의 연장선에서 파악하는 정치집단에게 향하여 민족주의 애국에 대비되는 공화주의 애국으로 거듭날 것을 촉구하고 있다. 집권당의 정치문화를 보면 시대상황에 부합하지 않게 기득권을 지키기 위해

적과 동지를 구별하는 '적대정치'를 고집하고 있다는 점에서 공화주의에는 한참 미달하고 있는 지점을 짚어 주었다.

이 책의 〈부록〉으로 '일본 공화주의자 하토야마 전 총리께 보내는 편지'를 담았다. 지난해 일본에서 하토야마 전 총리가 공화당 간판을 걸었다는 기사가 나왔다. 우리 클럽은 반가워서 이를 축하하는 서한을 보낸 바 있다. 우리 클럽이 작아서 응답을 기대하지도 않았다. 그렇지만 한국이나 일본 등 국민주권과 천부인권 의식의 토양이 척박한 아시아 국가에서 공화주의의 새싹 출현에 관한 소식은 실로 귀중한 것이라 생각해서 그 발전을 기원하는 서신을 띄웠던 것이다. 향후 공화주의의 진행과정에서 함께 만나는 날이 있으리라고 본다.

끝으로 이 책이 나오기까지 수고한 분들에게 감사의 말씀을 드리고자 한다. 먼저 집필자들께 좋은 원고를 보내주심에 감사드린다. 일 년에 한 권 발간된 탓으로 일부 원고들이 장시간 묵혀버린 것에 송구함을 표한다. 또한 원고 청탁, 수집과 독려를 통해서 마침내 결실을 맺어주신 한면희 공동대표님의 수고에 감사드린다. 그리고 장기간의 코로나 사태로 인하여 경제불황에도 불구하고 책 발간을 허락해주신 도서출판 인간사랑 여국동 사장님께 감사드린다.

2020년 7월 23일

21세기 공화주의 클럽 상임공동대표 강경선

1부

공화주의와 공동선, 시민

1장 역사적 궤적의 공화주의와 공동선

한면희(성균관대 초빙교수, 철학박사)

1. 현대사회와 유럽의 영향

오늘날 지구촌 사회가 유럽 문화의 지배적 영향권 속에 있음은 부인하기 어렵다. 현대사회에서 가장 위력적인 것 두 가지는 과학기술과 자본주의 시장경제인데, 둘 다 유럽에서 탄생하여 전 세계로 퍼진 것이다.

현대 과학기술은 근대 과학혁명에서 비롯되었고, 뉴턴으로 대변되는 근대과학은 고대 그리스의 데모크리토스Democritus 원자론과 기계론을 포함하고 있다. 중세의 암흑기를 넘어 근대로 접어들 때 이를 촉발한 계기는 14세기부터 이탈리아에서 일어난 르네상스였는데, 고대 그리스의 문화 유산을 상고하는 것에서 연유하였다. 이에 힘입어 종교개혁과 더불어 과학혁명, 계몽주의, 자유주의 사조가 후속으로 나타났고, 마침내 18세기 후반에 산업혁명이 일어났다. 그리고 시장경제를 핵심으로 삼는 자본주의 capitalism가 탄생하면서 현대사회로 접어들게 된다.

자본주의는 중세 봉건제 사회가 갖는 후진성, 가장 대표적으로 억압적인 신분차별에 대한 자유주의 사조의 돌파에 힘입어 탄력을 받게 되지만, 그 근간은 아담 스미스Adam Smith가 '보이지 않는 손의 원리'로 설파한 바와 같이 경제 주체 각자가 자신에게 이익이 되는 것을 추구할 때 사회 전체의 물질적 부의 크기가 최고로 증대된다는 경제 이론이었다. 물론 막스 베버Max Weber는 서구인의 생활태도에 적지 않은 영향력을 끼치고 있던 프로테스탄티즘이 청렴과 근검, 절약의 도덕성을 유지하는 가운데서도 부를 함께 누릴 수 있음을 조성함으로써 자본주의 발전에 영향을 끼쳤다는 견해를 피력하였다. 이를 과장할 필요는 없겠지만, 당시 빈곤으로 인해 많은 이들이 궁지로 내몰리고 있던 시절이었음을 감안할 때 애써 폄하할 이유도 없을 것이다.

유럽서 발아한 산업화와 자본주의 시장경제는 20세기 중후반 이후 세계화에 편승하여 지구촌 전역으로 전파되었다. 거슬러 올라가면, 오늘의 유럽 문화를 있게 한 전래의 두 주축으로 그리스로마 유산과 기독교 전통을 꼽지 않을 수 없다. 이에 우리가 현대 산업사회에 편입된 상태에서 그 본래적 성격을 알고자 한다면, 유럽의 옛 전통을 충실하게 살피지 않을 수 없다. 더군다나 우리나라는 헌법 제1조 제1항에서 "대한민국은 민주공화국이다."라고 천명하고 있는데, 우리의 옛 역사는 공화국을 가져본 적이 없는 반면 서유럽은 이를 고대의 전통으로 간직한 바가 있기 때문에 이것과 연루된 사안을 적극적으로 탐색하지 않을 수 없다.

2. 고대 그리스의 민주주의와 정신문화

고대 그리스는 기원전 800년경에 설립된 도시국가 폴리스의 형태가 실질적 기원이다. 당시 시민은 빈발하는 전쟁과 무질서 속에 노출되어 있었기 때문에 자신의 안전과 생명은 폴리스의 존망과 연루되어 있었다. 특히 그리스의 스파르타에서는 시민 전체의 전사화가 이루어져 있었으므로 개개인의 운명은 도시국가의 존립과 직결되었다. 이에 반해 아테네에서는 기원전 594년 집정관에 임명된 솔론Solon의 선행적 개혁 조치가 있었고, 최초의 참주정을 겪은 뒤 대대적인 행정개혁이 이루어지면서 민주정이 수립되며, 마침내 페리클레스Perikles(B.C. 461–429)의 시대를 거치면서 민주주의가 실현되기에 이른다.[1]

고대 그리스 사상은 시초에 인간이 마주하는 우주자연에 대한 지식을 얻는 데 초점을 맞추어 전개되었지만, 현자 소크라테스Socrates에 의해 비로소 세계를 대면하는 인간 주체의 반성적 인식에 시선을 돌림으로써 형이상학은 물론 인식론과 도덕적 인간상에 대한 성찰로까지 나아가게 된다. 그리고 이것이 플라톤Platon에서 아리스토텔레스Aristoteles 등으로 이어지면서 그 사조가 오늘날 윤리학과 정치철학의 근간이 된다.

소크라테스는 당시 소피스트가 활약하던 지식 사회에 대해 우연적인 감각적 지식을 아무리 많이 축적하더라도 무지 상태에서 벗어나지 못할 뿐임을 자각시키면서 진리를 찾아가는 방법을 대화로 시연하였는데, 그의

1 E. M. 번즈 외, 박상익 옮김, 『서양 문명의 역사1: 역사의 여명에서 로마 제국까지』(고양: 소나무, 1994), 141–143쪽.

산파술이 갖는 방법적 지식know–how knowledge은 오늘날에도 창조적 사고로 나아가는 방도를 제시하는 값진 것이었다. 플라톤은 스승 소크라테스가 직접 민주주의가 시행되던 기원전 399년에 당시 지도층에게 고발되어 민회에 소환되고, 끝내 유죄판결과 사형언도를 받아 독배를 마시고 죽게 되는 사건을 나이 28세에 겪게 된다.

플라톤은 스승이 지식인이나 청년들과 대화를 나누는 현장에 동참하면서 그 속에 감추어진 노하우의 지혜를 터득한 연유로 차츰 독자적인 사상을 펼치는 단계로 나아간다. 예컨대 그에 따르면, 어떤 사과를 보더라도 붉음을 경험하게 되는 연유는 붉음이란 이데아가 경험세계 너머에 존재하기 때문일 것이다. 여러 전사가 전쟁에서 용감한 것으로 평가되곤 하는데, 이 역시 용기란 이데아가 있기 때문일 것이다. 이에 그는 개별적으로 경험되는 질료가 감각(기관)에 알려지고, 이데아가 정신에 알려진다고 여겼다.

플라톤은 생애 후반부에 『공화국*Politeia*』이란 저서를 내놓게 되는데, 우리로서는 그 용어 때문에 주목하지 않을 수 없다. 다만 그리스어 폴리테이아는 라틴어 레스 푸블리카res publica로, 영어 리퍼블릭republic으로 번역되어 우리도 공화국이라고 일컫게 되는데, 실제로는 이 저술에서 사람이 어떻게 하면 국가와의 관계 속에서 올바르게 잘 살 수 있는지에 대해 주안점을 두어 전개하고 있으므로 『국가』로 번역하는 것이 더 적절하다는 견해가 적지 않다.

플라톤은 『공화국』에서 네 가지 덕aretē에 대해 상세히 언급하였다. 이 개념은 스승이 중요하게 다룬 것이기에 이를 이어받아 논의를 펼친 것인데, 라틴어로 비루투스virutus, 영어 버춰virtue로 번역되고 있다. 그러나 그것은 실제로 두 가지 의미를 지니는 것으로 분별할 수 있다. 하나는 도덕과 무관하게 '탁월함excellence'을 의미하고, 또 다른 하나로 '도덕적인 덕'을 뜻한다. 이에 맥락에 따라 적절한 우리말 번역어로 채택되어야 그 의미가 보다 분명하게 드러날 것으로 본다.

아리스토텔레스는 18세에 플라톤이 세운 교육기관 아카데미아의 회원이 되어 20여 년을 수학하다가 스승의 사후 그곳을 떠났고, 기원전 343년경 마케도니아에 초빙되어 왕의 아들을 교육하게 되는데, 그가 바로 대제국을 이룩하여 동서 문물의 융합을 통해 헬레니즘 문화를 꽃피우는 데 결정적으로 기여한 알렉산더Alexander 대왕이다.

아리스토텔레스는, 스승 플라톤이 세계를 경험적 질료와 초경험적 이데아의 두 영역으로 나누고 전자는 생성과 변화를 부단히 겪는 반면 후자는 영원불변하다고 함으로써 도달한 이원론적 세계관과는 달리, 현실에서는 어떤 실체도 물질로서의 질료와 본질로서의 이데아(또는 형상)를 함께 구현한다는 일원론적 세계관을 제시하였다. 그는 자연에 목적론적 체계가 구축되어 있는데, 인간도 마찬가지라고 보았다. 예컨대 오늘날의 한국 청소년에게 왜 공부를 열심히 하느냐고 물으면 좋은 대학에 가기 위함이라고 말할 것이고, 대학은 왜 가려 하느냐고 물으면 사회에서 좋은 일자리를 얻기 위함이라고 할 것이며, 좋은 일자리는 왜 가지려 하냐고 물으면 마음에 드는 배필을 만나서 다복한 가정을 꾸미기 위함일 것이라고 답변할 것이다. 물론 단순화한 질의응답이고, 이는 더 이어질 것이다. 이렇게 합리적인 사람이라면 누구나 어떤 목표를 향해 생각과 행동을 하게 되는데, 그 끝은 최종 목적이 될 것이다. 최종 목적은 다른 무엇의 수단이 아닌 그 자체로 바라는 바일 것이고, 그것 이외에 다른 무엇을 필요로 하지 않는 것이어야 한다.

인간 각자는 개별 행위를 통해 자신에게 좋은 것(선good)을 목표로 삼아 취하고자 할 터인데, 최종의 목적은 가장 좋은 것으로 최고선일 것이고 함께 추구하는 것은 공동의 선이 될 것이다. 다만 인간은 좋은 것을 다른 동물처럼 감각의 수준에서만 찾지는 않는다. 인간을 인간답게 해주는 고유한 속성은 이성에 있다고 보았기 때문이다. 이에 인간의 좋음은 생물학적 수준을 넘어 사회적이고 도덕적인 선으로 깊어진다. 아리스토텔레스는 주저인 『니코마코스 윤리학*Nicomachean Ethics*』에서 "모든 행동과 추구는 어떤 선을 목표로 삼는 것"이기에 "그러므로 선이란 모든 것이 목표 삼는 것"이라 하였다. 결국 최종 목적은 최고선이다.[2]

아리스토텔레스는 최종 목적을 행복eudaimonia으로 규정하였다. 그렇다면 과연 행복이 무엇이냐고 묻지 않을 수 없다. 그는 행복의 후보로는 가장 많이 거론되는 네 가지, 즉 쾌락과 부, 명예, 덕을 먼저 상정하였다. 그러나 쾌락을 마음껏 즐기거나 돈을 물 쓰듯이 쓰는 사람도 스스로 행복하다고 느끼지 못하는 경우가 비일비재하고, 또 명예를 누리고 있지만 행복하지 않은 사람도 적지 않으며 덕을 갖춘 사람이 비참한 생애를 보내는 경우도 꽤나 있다고 할 것이다. 아리스토텔레스는 목적을 구현하려면 어떤 존재든 자신에게 주어진 기능ergon을 잘 드러내는 데 있다고 보았다. 생식 기능을 가진 식물은 그것에 충실하게 생존하려 한다. 그리고 생식과 감각 기능을 같이 가진 동물은 욕구에 끌리는 생존에 나서게 된다. 마찬가지로 인간은 생식과 감각, 이성을 구비하고 있는 연유로 이로운 것을 찾

---

2 아리스토텔레스, 최명관 옮김, 『니코마코스 윤리학』(서울: 서광사, 2001), 31쪽. *Nicomachean Ethics*, 1094a.

아 먹고 생존하지만 자신에게 가장 고유한 속성인 정신적 사유의 지평에 도달할 때 마침내 행복에 이를 것이라고 생각하였다.

구체적 삶 속의 인간은 정서적 욕구와 감각적 충동에 이끌리는 행동을 할 때가 많아서 자신의 일을 그르칠 뿐만 아니라 종종 공동체 구성원들에게 피해를 주기도 한다. 그래서 이성에 부응하는 실천을 행해야 하는데, 한 마리의 제비가 봄을 부르지 않는 것처럼 합리적 행동을 거듭하여 습관으로 몸에 배게 할 때 비로소 덕(탁월함)을 갖추게 된다. "무릇 덕이란 그것을 가지고 있는 것을 좋은 상태에 이르게 하고 또 그것의 기능을 잘 발휘시켜 주는 것이라 할 수 있다." 예컨대 눈의 탁월함은 잘 보게 하는 기능을 갖추는 데 있고, 말의 탁월함은 잘 달릴 수 있는 상태가 되는 것이며, "인간의 덕도 인간을 선하게 하며 그 자신의 일을 잘 하게 하는 성품이라고 할 수 있을 것이다."[3]

그렇다면 덕(즉, 미덕)이란 성품을 어떻게 구현할 수 있는지 의문이 들게 된다. 이에 대해 아리스토텔레스는 실천적 행보가 보이는 모자람과 지나침, 부족과 과잉의 시행착오 속에서 이루어지는 알맞은 상태의 중용을 꼽는다. 특정 대처가 요구되는 사회적 상황에서 비겁할 수도 있고 만용을 부릴 수도 있는데, 그 중용의 상태가 용기이다. 비굴과 오만 사이의 중용은 긍지이고, 욕망의 부족과 과도 사이의 중용은 절제다. 누구라도 필요할 때에 맞추어 거듭 용기를 내고 긍지를 갖추며 절제를 지키는 실천 등을 하게 될 때 덕을 갖춘 사람으로 변화하게 된다. 이런 의미에서 덕은 모자라지도 넘치지도 않는 중용의 구현이다.

---

3 위의 책, 70쪽. *Nicomachean Ethics*, 1105a.

아리스토텔레스는 각 개인이 중용의 자세로 좋은 습관을 실천함으로써 도덕적 덕moral virtues을 구현할 때 이성의 요청에 따르게 되어 목적으로서의 선에 이를 수 있다고 여겼다. 다만 그는 실천적 행보와 더불어 참된 진리를 파악하여 기쁨을 누리는 지성적 덕intellectual virtues에 이를 때 행복 가운데서도 극치를 맛볼 수 있다고 생각했다.

아리스토텔레스는, 언어 속 개념에 대해 정의를 바르게 내리고 사용할 때 혼란에서 벗어나 진리에 다가가는 것이 가능하게 된다는 소크라테스의 언급에 부응하여, 인간을 일러 간략하게나마 이성적 동물이라고 하였다. 이성을 지닌 인간은 서로 모여 공동체를 이루는 사회적 삶을 살게 된다. 결국 인간은 사회적 존재이기도 하다. 이에 사회 구성원으로서의 각 사람이 스스로를 가장 인간답게 해주는 바 궁극 목적으로서의 행복에 도달하기 위해서 누구나 선을 추구하는 덕(탁월함)을 갖추어야 할 것이다. 이때 정치학Politics은 폴리스의 인간관계와 사회제도를 구축하는 학문 분야이므로 인간의 인간됨을 추구하는 윤리학Ethics을 포함하지 않으면 안 된다. 그러므로 "우리는 최고의 선이 정치학의 목적이라고 언명하였는데, 정치학이란 국민을 어떤 일정한 성격을 가진 인간이 되도록, 즉 선한 인간 그리고 또 고귀한 행위를 할 수 있는 인간이 되도록 하는 데 심혈을 기울이는 것"이라고 구체화할 수 있게 된다.[4]

4 위의 책, 49–50쪽. *Nicomachean Ethics*, 1099b.

3. 고대 로마의 공화정

아테네에서 꽃을 피운 그리스의 문화는 뒤이어 등장한 로마로 이어진다. 그리스 문화가 번성할 즈음 그것은 인근의 이탈리아 반도에도 직접 영향을 끼쳤다. 이탈리아 반도에는 로마인의 직계 선조인 인도유럽어족이 들어왔지만 기원전 8세기 무렵에 북부에는 에트루리아인이, 남부에는 위세를 떨쳐가던 그리스인들이 점유하고 있었다. 당시 로마는 이탈리아의 여러 도시국가 가운데 하나로서 테베레 강 인근의 작은 지역을 차지한 정도에 불과했지만, 그 세력은 점차 확장되고 있었다.

전설에 따르면 늑대의 도움을 받아 생존한 로물루스Romulus가 일곱 언덕에 터전을 두고 로마를 건국한 시기는 기원전 753년이고, 이후 로마는 인근 사비니족 등과 갈등을 겪으며 통합을 통해 세를 불려가는 과정에서 지배계급의 지원과 시민의 동의 속에 왕이 등장하여 제한된 권한을 행사하게 된다. 그러던 가운데 왕가 내부의 음모에 의해 왕위 찬탈이 이루어지면서 등장한 한 왕이 스스로의 안위에 조바심을 냄으로써 시민의 두려움을 자아내는 공포의 정치를 자행했고, 그 아들이 한 귀족의 부인을 능욕하는 일까지 벌이게 된다. 결국 이 사건이 로마인들의 분노를 극도로 촉발시켰고, 마침 군사령관 지위에 있던 루키우스 브루투스Lucius Brutus가 폭동을 일으킴으로써 왕정을 완전히 끝장내게 되는데, 기원전 509년이었다.[5]

로마의 경우 군주정이 폐지되면서 들어선 것은 민주정이 아니라 공화

5 필립 마티작, 박기영 옮김, 『로마 공화정』 (서울: 갑인공방, 2004), 20-53쪽 참조.

정이었다. 왕을 배출하던 귀족 중심의 원로원이 중심적 역할을 하면서 왕을 필요로 하지 않은 것이 결정적이었다. 주목할 바는 왕정 폐지 이후 15년이 흘렀을 즈음 평민들 다수가 원로원의 강제로 인한 부채 위기 상태에서 외적 침입에 따른 군복무 소집을 거부한 채 도시 외곽으로 빠져나가는 집단적 저항을 하게 되었고, 이에 원로원의 양보를 받아냄으로써 민회에 평민 대표인 호민관을 두어 자신들을 보호하는 제도를 만드는 데 성공을 거두었다는 점이다.[6] 억압에서 벗어나 자유를 지향하는 평민들의 집단적 노력이 첫 출발을 성공적으로 안착시킨 것이다.

공화정의 로마는 왕을 대신할 지도자로 집정관 제도를 두어 2명에게 역할을 맡기어 정치와 군사, 종교 분야의 최고 권력을 나누어 분산토록 하면서 임기도 1년으로 제한하는 가운데 재신임을 허용하였고, 유사시에는 1인으로 의사결정을 모으는 독재관을 6개월 한시로 두어 수행토록 했다. 물론 집정관과 법무관, 조영관, 재무관 등 국가 정무직 자리 가운데 상위는 원로원을 구성하는 귀족들이 대부분 차지하였기 때문에 가장 강력한 힘은 원로원이 갖고 있었지만, (평)민회의 권한도 이른바 신분투쟁을 통해 점차 확대된다. 평민들은 호민관을 통해 그 권한을 지키는 가운데 평민을 집정관에 내세워 선출하는 기염을 토하기도 했고, 이에서 더 나아가 기원전 3세기에는 민회의 제정 법안이 원로원의 승인과 무관하게 국가에 구속력을 갖게 할 정도로 위세를 드높이기도 했다. 바로 이 시기에 로마는 이탈리아반도 전역을 통일하면서 지중해로 눈길을 돌리게 된다.

6 마이크 덩컨, 이은주 옮김, 『폭풍 전의 폭풍: 로마 공화정 몰락의 서막』 (파주: 교유서가, 2019), 30–31쪽.

로마가 제국으로 비상하는 직접적 계기는 포에니전쟁(B.C. 264–146)이었다. 스페인의 지중해 지역과 북아프리카를 거점으로 한 카르타고가 해상무역으로 부를 쌓는 가운데 시칠리아로까지 세력을 확장하면서 이를 저지할 필요성이 양국의 전쟁으로 비화하였고, 3차례에 걸쳐서 무려 100년 넘게 지속되었다. 로마는 기원전 146년에 제3차 포에니전쟁을 끝내면서 카르타고를 초토화하였고, 종종 반란을 일삼던 그리스도 제압했으며, 소아시아 지역도 점령하고 이집트도 보호국으로 만듦으로써 사실상 지중해 전역을 지배하는 제국으로 부상했다.[7]

아리스토텔레스의 언급을 풀어내자면, 통치 형태가 군주정일 때 독재에 따른 해악이 정점에 달하면서 공동체 전체의 위기로 치닫는 것을 방치할 수 없는 귀족들의 단결로 새로운 체제인 귀족정이 등장하고, 귀족정은 과두제로 빠져들어 평민에 대한 수탈을 저지름으로써 모두가 궐기하여 내세운 민주정이 들어서며, 민주정은 중우정치에 따른 백가쟁명의 혼란을 거듭하다가 무정부상태로 빠져들어 또다시 사태를 안정시킬 카리스마 갖춘 지도자(예컨대 군주)의 등장을 초래하게 된다.

패망한 그리스의 현인으로서 로마로 압송되어 귀족 명문가의 교사가 된 폴리비오스Polybios는 로마의 공화정을 겪으면서 이에 대한 찬사를 아낌없이 드러낸 바 있다. 그는 로마에서 군주정과 귀족정, 민주정이 어느 한 쪽의 우위를 허용하지 않을 정도로 균형을 이루는 것을 경험하면서 이것이 갖는 위력을 실감한 것이다. 로마 공화정 안에 포진한 군주정의 요소는 집행관(또는 독재관)에서 찾을 수 있고, 귀족정 요소는 원로원이 담당하고

7 E. M. 번즈 외, 『서양문명의 역사1』, 208–210쪽.

있으며, 민주정 요인은 민회에 나타난다고 할 수 있다. 폴리비오스 시대에는 민회가 세 유형으로 존속하고 있었는데, 고위 정무직을 선출하는 백인조회와 하위 정무관 및 법률을 통과시키는 트리부스회, 그리고 평민으로만 구성되어 호민관을 선출하면서 트리부스회의 유사 기능도 갖는 평민회가 그것이었다.[8]

로마는 공화정 때에 제국으로 발돋움을 했고, 기원전 1세기 무렵에는 지중해 전역을 통치하는 거대한 세력이 되었다. 그러나 로마 공화정은 가장 영광스러운 정점을 맞이하면서 오히려 그 내부에 몰락을 가져올 씨앗을 잉태하고 있었다. 단순화할 경우, 세 가지 상수와 한 가지 변수를 꼽을 수 있다고 본다. 첫째, 전쟁을 통해 얻은 광범위한 영토의 이익 대부분이 원로원을 구성하는 귀족에게 집중되어 그 힘이 갈수록 커지고 있었던 반면, 평민 다수(특히 하층민)는 군역에 시달리면서 경제력은 나아지지 않는 불만족 상태에 놓이게 됨으로써 로마 내부의 계급적 갈등 요인이 커지고 있었다. 둘째, 로마가 군사력 확충과 동맹을 위해 도시 바깥 이탈리아인의 협력을 지속적으로 받고 있었음에도 불구하고 자체 안정성을 위해 시민권과 민회 선거권을 성큼 내어주지 않음으로써 로마 내외라는 동맹지역 간의 불안 요인이 상존하였다. 셋째, 정복전쟁 등으로 힘의 팽창이 계속 이어질 때마다 제도적인 권력 분산과 견제에도 불구하고 유력가문의 특정 인물에게 군사력이나 정치력의 집중이 초래되어 공화적 균형이 깨어지기 쉬운 지배세력 간의 주도권 다툼 요인이 존속되고 있었다. 여기에 갈수록 늘어나는 유입된 노예도 변수로 작용했지만, 공화정에 직접적이기보다는

8 마이크 덩컨, 『폭풍 전의 폭풍: 로마 공화정 몰락의 서막』, 38–40쪽.

간접적 영향을 미치는 정도였다.

3차 포에니전쟁이 끝난 후 로마에 찾아든 것은 평화가 아니라 내부 혼란의 연속이었다. 정복전쟁의 전리품이 주로 귀족에게 집중되어 사회적 불만이 야기되는 가운데 로마의 명문가문 출신인 그라쿠스Gracchus 형제가 각각 기원전 133년과 123년에 호민관에 취임하여 토지법을 통해 도시 하층민에게도 토지를 분배하는 정책을 강력히 추진함으로써 평민파의 열렬한 지지를 받았지만 원로원 귀족파와의 첨예한 갈등을 야기하고, 이로써 빚어진 대규모 살육전 속에서 두 형제가 죽음을 맞이하는 일대 사건이 벌어졌다. 이것은 로마 시민권의 확장 문제도 개입되어 있었지만 주로 자산의 분배와 관련해서 전개된 로마 내의 계급적 갈등 요인이 수면 위로 부상하여 표출된 사건이었다. 그라쿠스 형제의 개혁투쟁에 뒤이어 발생한 사건은 더 복합적인 형태를 띠고 있었다.

로마에서 무려 7차례나 집정관을 역임하게 되는 가이우스 마리우스Gaius Marius는 로마 바깥의 이탈리아 기사 가문에서 태어나 전선을 누비면서 장군으로 활약한 덕분에 기원전 108년에 첫 번째로 집정관에 당선되었다. 당시 로마의 최대 두통거리는 유럽 중북부의 킴브리족이었는데 마리우스가 이를 격파함으로써 '로마 제3의 건국자'로 일컬어질 정도로 명성을 얻었고 6차례나 집정관을 역임한 상태에서 시외로 물러나 있었다.

마리우스가 나이 일흔에 가까워 은퇴 중이던 무렵 로마 정통의 귀족 가문 출신으로 공화정 몰락의 길을 내준 또 하나의 인물이 등장하는데 술라Sulla였다. 술라는 주로 로마의 동쪽 소아시아에서 발생하는 전란을 평정하는 데 앞장선 상태였고, 집정관의 직책을 갖고 역시 원정길에 오르던 차에 중대 사건을 접하게 된다. 야심에 찬 한 호민관이 정치적 권력에 다가가는 길은 마리우스와 연대하는 정도를 넘어 정치적 기반을 이탈리아인에게 두는 것이라고 판단하여 늘 논란이 되었던 시민권을 그들에게 주는 것은 물론 선거권까지 주는 조치를 단행하고자 하였다. 이런 배경에는 그들이 로마와 운명을 같이 하는 가운데 전쟁에서 마리우스처럼 중대한 역할을 해왔기 때문이었다. 주요 직책의 결정과 법안을 만드는 선거의 권리를 대폭 확장한다는 것은 소수의 로마인이 다수의 아탈리아인에게 공화국을 넘긴다는 것을 의미하는 것이었기에, 원로원 귀족은 물론 로마 평민까지 가세하는 대대적인 저항이 불가피하였다. 6개의 최대 군단을 이끌고 시외서 출정 준비 중이던 술라는 결국 회군을 통해 과거 어떤 장군도 행하지 않던 마지노선을 넘고 말았다. 즉 기원전 88년에 로마 장군이 대규모 군사를 이끌고 로마를 향해 진군하는 초유의 일을 결행한 것이다.[9] 이후 대규모 살육과 피의 숙청이 광범위하게 이루어졌음은 물론이다.

그러나 술라가 이끄는 1개 군단이 결코 넘어서는 안 될 종교적인 신성한 경계선, 즉 포메리움까지 넘어선 것은 원로원과 로마시민조차도 용인하기 어려운 폭거였다. 이후 술라에 대한 탄핵과 마리우스의 7번째 집정관 수행, 술라의 재입성은 각 세력 간의 균형을 절묘하게 이루어내던 공화정에 회복하기 어려운 상처를 내게 된다. 로마 내의 지배세력 간 주도권 다툼과 귀족 및 평민 간의 계급적 갈등, 그리고 로마와 동맹을 맺은 이탈리아인과의 지역 간 차별 갈등이 복합적으로 엮이면서 공화정을 몰락시킬 결정적 빌미를 주고 있었다. 그나마 마리우스나 술라는 로마 공화정 자체에 대해 근본적 의구심을 갖지 않은 채 제 나름대로 공화국을 정상화한

---

9 위의 책, 10장.

다는 명분을 갖고 행동에 옮겼던 반면, 공화정 자체에 반감을 품은 절대 권력자의 등장은 이를 몰락시키는 직접적 계기가 될 수밖에 없을 것이다. 실제로 갈리아 지역에 주둔하던 카이사르Caesar가 기원전 49년에 "주사위는 던져졌다."는 유명한 말을 남기면서 루비콘 강을 넘어 로마로 진군하여 절대 권력을 장악해서 공화정을 빈껍데기로 만들어 놓았고, 카이사르의 암살 이후에는 그의 조카 옥타비아누스가 역시 정적을 숙청한 후 패권을 장악하여 황제Imperator에 오름으로써 마침내 로마 공화정은 역사의 뒤안길로 퇴조하는 운명을 겪게 된다.

황제 통치하의 로마는 "모든 길은 로마로 통한다."는 말을 낳을 정도로 팽창을 거듭하였고, 이 과정서 그리스 사상의 영향을 받아 덕을 갖춘 황제를 배출했지만 폭군도 적지 않게 탄생시켰다. 서기 3세기에는 50여 년 동안 무려 26명의 군인 황제가 등극하고 바로 폐위되는 혼란기를 겪으면서 마침내 게르만족의 득세로 콘스탄티노플의 동로마 제국을 남겨둔 채 서로마 제국은 476년에 멸망한 것으로 기록된다.

기독교는 서기 40년경에 로마로 유입이 되었고 폭군 치하에서 극심한 탄압을 받으면서도 견뎌냈으며, 군인 황제의 혼란기인 3세기에는 오히려 로마의 통치 영향권 전역으로 전파된다. 이후 콘스탄티누스 1세는 본래 이교도였지만 황제 계승 전쟁에서 승리할 때 기독교의 감화를 받아 등극에 성공하자 이를 받아들이게 되고, 313년 밀라노 칙령에서 공식적으로 인정한다. 더 나아가 형제적 우애를 강조하던 기독교는 도덕적 타락이 극심하던 4세기 말에 사회적 치유의 일환으로 로마의 국교로 공인되기에 이른다. 비록 향후의 교회 지도자들이 세속적 제도를 좇아 성직의 권력적 서열화를 꾀했고 또 권력의 맛에 길들여져 이를 탐함으로써 중세를 암흑기로 몰아넣게 되지만, 예수가 가르친 사랑의 정신은 지역 공동체 곳곳에 뿌리를 내리면서 공화주의가 언젠가 다시 피어날 수 있는 토양을 제공한다.

4. 현대의 신로마 공화주의

오늘날 국제사회에서 공화국을 국호에 붙였거나 헌법에 천명한 나라가 대다수다. 물론 사우디아라비아와 같이 실제 왕정을 유지하는 곳도 있고, 영국이나 일본처럼 형식상 입헌군주제를 채택하고 있지만 실제로 의회민주주의 체제로 이끌어 가는 곳도 있다. 그 이외에 대부분은 우리나라나 미국, 독일, 러시아, 중국처럼 공화국의 명칭을 사용하거나 공화제를 내세우고 있는데, 문제는 과연 공화주의에 충실하게 나라를 운영하고 있느냐는 것은 별개로 판단된다.

우리나라는 헌법 제1조 제1항에 "대한민국은 민주공화국이다."라고 규정하고 있고, 제2항에서 "대한민국의 주권은 국민에게 있고, 모든 권력은 국민으로부터 나온다."고 선언하고 있다. 제2항이 민주주의를 내세우고 있으므로, 자연스럽게 제1항의 경우 공화국은 국가형태를 나타내고 그 정치적 운영(내용과 방식)을 민주적으로 한다는 것으로 해석하게 된다. 공화국을 국가형태로만 좁힐 경우, 19세기 이후의 대다수 나라가 군주국에서 벗어나면서 공화국을 채택한 것이 설명될 수 있다.[10] 심지어 북한도 조선

10 강경선, 『헌법의 기초』(서울: KNOU Press, 2017), 109-111쪽. 저자는 공화국이 단순히 국가형태에서 머물 것이 아니라 공화주의를 반영할 수 있어야 함을 일깨우고

민주주의인민공화국이라고 천명하고 있으니 말이다. 이런 경우, 공화국은 왕을 둔 군주국과 이분법적 대립의 형태로 사용되고 있는 셈이다.

그러나 본이 될 실제 공화정의 역사는 이것이 군주국과 모순적 대립관계에 있음을 보여주지는 않는다. 하나(군주국)의 거부가 필연적으로 다른 하나(즉 공화국)로 귀결될 수 있음을 뜻하지 않는다. 로마 공화정은 앞서 언급한 바와 같이 군주제와 귀족제, 민주제 요소의 혼합 형태였다. 더욱 중요한 것은 현실적으로 지도자와 원로원의 역할이 필요함을 수용하면서도 평민의 자유를 지속적으로 관철시키고자 노력했다는 점이다. 오늘날의 미국이 건국 초기에 자유와 자치, 공동선의 기치 위에서 공화국을 가장 본격적으로 건립했다는 점에서는 더욱 그렇다고 할 것이다. 이에 공화국의 참된 의미를 파악하려면, 역사적으로 구현된 핵심 사례를 통해 정치 제도로서의 공화제나 정치 이념으로서의 공화주의를 추적해야 한다.

철학은 비판적 성찰을 토대로 현실 진단과 더불어 미래를 근본적으로 조망하는 속성을 갖고 있는데, 20세기 후반부에 철학계에서 현대사회의 특성과 관련해서 자유주의와 공동체주의 간의 정치철학적 논쟁이 뜨겁게 달구어진 적이 있다. 이에 자극을 받아서 정치학계 일각에서 현대 공화주의 담론이 새롭게 제기되기에 이른다. 영국 케임브리지대에서 피어나기 시작했는데, 퀜틴 스키너Quentin Skinner는 초기 주도의 핵심 인물이었다.

스키너는 먼저 17세기 영국의 사상가 제임스 해링턴James Harrington에 주목했다. 해링턴은 서양에서 권력의 운영과 관련된 두 조류, 즉 '고대

있는데, 더 구체적인 내용은 다음을 참조할 것. 강경선, 「1장: 헌법과 공화국」, 21세기공화주의클럽 지음, 『21세기 공화주의』(고양: 인간사랑, 2019), 13–75쪽.

적 분별'의 시기와 '근대적 분별'의 시기가 있었음을 가려내었다. 고대적 분별의 전통에는 신에 의해 창조되어 누구라도 자유롭고 평등하게 대우받은 고대 이스라엘과 민주주의를 실현한 고대 그리스, 공화정을 구현한 고대 로마의 시기가 포함되는 것으로 꼽았다. 그리고 근대적 분별의 전통으로는 카이사르가 로마의 자유를 전복하고 세상의 패권을 장악한 이후 근대 절대주의 왕정에 이르기까지 전개된 압제적인 군주정의 시대가 차지하였다. 그는 고대 분별의 전통이 근대 분별의 전통으로 바뀐 것은 역사적 비극이었는데, 이로써 권력이 야만에 사로잡힘으로써 나쁜 특성의 정부가 들어서는 계기가 되었다고 통탄하였다.[11] 해링턴은 그가 살던 당대에 근대적 분별 전통을 대변하는 전형으로 토머스 홉스Thomas Hobbes를 꼽은 반면, 고대적 분별 전통을 일깨우는 대표자로 마키아벨리N. Machiavelli를 들었는데, 스키너는 바로 이 대목에 주목함으로써 공화주의의 재건을 시도하게 된다.

홉스는 17세기 중엽에 주요 저술을 내놓았는데, 인간이란 본래부터 이기적이므로 자기 이익을 도모하는 것이 도덕적으로도 옳다고 보았다. 그는 무엇보다도 자연 상태에서는 만인이 만인에 대한 투쟁을 일삼게 되어 모두가 비참한 나락으로 떨어질 수 있기 때문에 사회계약을 통해 괴물 리바이어던으로도 불리는 국가 권력, 즉 절대자의 통치를 요청하는 것이 그나마 최악을 피하는 길이라고 주장하였다.

반면 마키아벨리는 16세기 초에 집필한『로마사 논고』를 통해 그리스와

11 Quentin Skinner, "Machiavelli on the Maintenance of Liberty," *Politics* 18:2, 1983, p. 3.

로마로부터 시작하여 자신의 당대에 이르기까지 실제로 일어났던 역사적 사실에 근거하여 시민에게 이로운 나라가 어떤 유형의 것인지를 추구하고자 하였다. 그는 그리스 스파르타가 시초에 왕과 귀족, 민중 각각에 알맞은 권한을 주는 리쿠르고스Lycurgos의 입법을 수용하여 지킴으로써 무려 800년이나 지속될 수 있었던 반면, 그리스의 경우 솔론의 개혁으로 직접 민주정이 들어서고 인민에 의해 지배되는 방식을 조성함으로써 일시적으로 참주가 등장하는 비극을 겪었을 뿐만 아니라 나라 자체도 단명에 그치는 비운을 맞이했음을 적시하고 있다.[12]

다만 마키아벨리가 아테네 민주주의의 시기에 그리스에서 깊고 찬란한 정신문화가 싹텄음을 소중하게 고려하지 않음은 유감이긴 한데, 그 이유로는 어떤 시민도 외적이나 내부 압제자의 침탈을 받지 않으면서 자유롭게 살게 되는 지속적 국가의 상을 정립하는 데 주안점을 두었기 때문으로 판단된다. 어쨌든 그는 폴리비오스처럼 로마에서 군주정과 귀족정, 민주정이 어우러지는 혼합정부 형태의 공화정이 채택되어서 최고 지도자와 귀족, 평민에게 나름의 제 역할이 부여됨으로써 안정적으로 부강할 수 있었다고 여겼다. 여기서 마키아벨리가 직접적 민주정보다 공화정을 선호한 연유를 파악할 수 있을 터인데, 평민이 누릴 자유의 지속성에서 찾을 수 있을 것이다. 그는 다음과 같이 언급하고 있다.

> 먼저 로마의 편을 들어 이유를 검토해본다면, 어떤 사물이든 그것을 차지하려는 마음이 가장 적은 자에게 맡겨야 한다고 말하고 싶기도 하다.

12 마키아벨리, 강정인·안선제 옮김, 『로마사 논고』(파주: 한길사, 2003), 81–82쪽.

> 그리고 의심의 여지 없이 귀족과 귀족 아닌 자들의 목적을 검토해보면, 전자에게는 지배하려고 하는 강한 갈망이 있고, 후자에게는 단지 지배당하지 않으려는 갈망, 다시 말해 귀족들보다 지배권을 장악할 전망이 적기 때문에 자유 속에서 살고자 하는 강한 열망이 있다는 점을 발견하게 될 것이다.[13]

마키아벨리도 인간이 이기적임을 잘 알고 있었다. 그는 정치를 현실적으로 냉정하게 성찰한 인물인데, 다른 저서 『군주론』에서 "인간이란 은혜를 모르고 변덕스러우며 위선적인 데다 기만에 능하며 위험을 피하려고 하고 이익에 눈이 어둡다."고 밝히고 있다.[14] 다만 그는 홉스와 달리 일반 민중은 남을 지배하려고 한다기보다는 억압을 받지 않고 자유liberty를 누리려는 성향도 갖고 있기 때문에, 사회제도의 운영 여부에 따라 행위 양상이 달라질 수 있다고 생각한 것뿐이다.

마키아벨리는 역사에 대한 냉철한 탐구를 통해 한편으로 나쁜 것이 좋은 것을 꺾고 등장하는 사태를 가능한 한 차단하고, 다른 한편으로 로마 공화정에서 볼 수 있었던 것처럼 평민이 법에 의해 누구로부터도 억압 속에 놓이지 않은 채 자유를 누리는 나라를 구축하고자 했던 것이다. 퀜틴 스키너가 해링턴을 통해 마키아벨리에게 주목한 점은 바로 이것이라고 여겨진다. 스키너는 로마의 평민이 공화정에 의거하여 자유를 일정하게나마 누리고 또 더욱 맹렬하게 갈망했다는 점에서 자유의 가치가 자유주의lib-

---

13 위의 책, 89쪽.

14 마키아벨리, 강정인·김경희 옮김, 『군주론』(서울: 까치, 2008), 114쪽.

eralism에 의해서 드러난 것이 아니라, 이미 고대 로마에서 공화주의를 통해 피어났음을 강조하고 있다.

스키너의 주장에 동조하는 후속적 지원이 이어졌다. 케임브리지대의 연구자였다가 미국으로 건너간 필립 페팃Philip Pettit이 대표적이다. 그는 스키너의 연구가 없었더라면 자유의 개념을 공화주의 전통에서 발견할 생각조차 못했을 것이라고 밝히고 있다.

오늘날 자유주의 사조가 드러낸 자유 개념은 멀리 토머스 홉스로까지 거슬러 올라가는데, 그는 각 개인에게 자유란 의도한 바에 따라 방해를 받지 않고 행할 수 있음으로 언급하였다. 마찬가지로 이사야 벌린Isaiah Berlin도 자유주의가 수용하는 소극적 의미의 자유 개념은 각인이 누구로부터도 간섭interference을 받지 않는다는 데 있다고 주장했다.

이에 반해 페팃은 공화주의에서의 자유는 간섭이나 장애가 없는 상태에 있음을 뜻하는 것이 아니라 지배domination 받지 않는 데 있음을 분명히 했다. 예컨대 한 노예가 아첨에 능하거나 명민하게 약삭빠른 처신을 하는 탓에 주인으로부터 전권을 위임받은 상태에서 주인의 어떤 간섭도 받지 않으면서 일을 처리하고 있다고 하자. 자유주의 관점에서 그는 일체의 간섭을 받지 않고 있으므로 자유롭다고 할 수 있지만, 과연 노예인 그는 자유로운가? 공화주의는 그가 주인에 의한 지배 조건에 놓여 있기 때문에 결코 자유롭지 않다고 단정한다. 따라서 페팃은 "비지배의 향유가 단순히 불간섭을 누리는 것과 가장 결정적으로 다른 점은 분명 어떤 개인도 타인에 대해 그러한 권력을 가지고 있지 못하다는 사실"에서 찾는다.[15] 공화주

15 필립 페팃, 곽준혁 옮김, 『신공화주의』(파주: 나남, 2012), 77–78쪽.

의는 고대 로마에서 그랬던 것처럼 법이라는 제도를 통해 누구도 타인에게 군림할 수 없도록 함으로써 평민도 비지배적 자유를 누리도록 하는 것이다. 이렇게 보면 인간이 누려야 할 자유의 개념에 관한 한 그 원조는 자유주의가 아니라 공화주의라고 해야 할 것이다.

이탈리아 출신의 학자 모리치오 비롤리Maurizio Viroli도 비슷한 논조를 취하고 있다. 그는 자유 개념을 본래부터 주어진 천부적 권리로 보는 견해, 즉 "자연권 이론은 자유주의의 기초가 되는 매우 중요한 것인데, 그것은 명백한 이론적 약점을 하나 가지고 있다."고 하면서, 고대 로마에서 보듯이 "권리는 역사적인 것이지 자연적인 것이 아니며, 법과 관습(관행)에 의해 뒷받침되지 않을 때 그것은 권리라는 이름으로 불릴 수 있는 것이 아니라"고 규정한다. 비롤리는 중요하게도 마키아벨리가 "자연권 개념을 전혀 사용하지 않았는데, 그것은 지혜로운 일"이었다고 하면서, "그는 오직 자유만이 개인들이 누릴 수 있는 선(善)"이고, 이런 자유를 위해 좋은 정치제도와 군사제도를 구비하고 또 개인들은 시민적 덕성을 갖추어야 하는 것으로 언급했다고 전한다.[16]

간략히 확인할 수 있는 것처럼, 스키너나 페팃, 비롤리처럼 마키아벨리의 거울을 통해 고대 로마의 공화정을 모델로 삼아 현대 공화주의의 기본 정신을 찾아가는 사조를 일러 신로마 공화주의neo-Roman republicanism라고 한다. 더 구체화하면, 이 입장은 자유만이 개인이 추구할 선이라고 강조하는 경향이 강하다.

---

16 모리치오 비롤리, 김경희·김동규 옮김, 『공화주의』(고양: 인간사랑, 2006), 40-41쪽.

신로마 공화주의는 결론에 있어서 자유를 유일한 최고의 가치로 보는 셈인데, 이럴 경우 그것이 자유주의와 매우 흡사하게 비춰짐을 부인할 수 없다. 차이를 거론할 수 있기는 한데, 앞서 언급한 두 가지이다. 하나는 공화주의가 법을 통해 어느 누구도 타인에게 군림하는 제도적 힘을 갖는 것을 허용하지 않는 비지배적 자유에 초점을 맞춘다는 것이고, 다른 하나는 공화주의가 자유를 천부적인 것이 아니라 역사적으로 법을 통해 취득하는 것으로 본다는 점이다.

공화주의는 하나 더 언급하고 있는데, 그것은 바로 자유가 구현되는 조건을 명시한다는 점이다. 마키아벨리는 자신의 구상을 뒷받침하는 것으로 "모세, 리쿠르고스, 솔론 등 왕국이나 공화국의 다른 건국자들의 사례를 얼마든지 들 수 있다."고 하면서 "그들은 자신들이 전권을 장악하고 있었기 때문에 공동선에 부합한 법률을 제정할 수 있었다."고 하였다. 이를 좇아 스키너 역시 독재로부터 벗어나기 위해 정부가 시민 전체의 수중에 놓이도록 자유의 제도를 구축하면서 시민 누구나 자신의 재능을 "공동체의 처분에 맡길 정도가 되면 공동선이 고양되면서 사적이거나 파벌의 이해에 따른 지배에서 벗어나게 된다."고 여겼다. 페팃은 더 높은 비지배적 자유를 누리기 위해 "공화주의적 법률은 시민적 덕성이나 좋은 시민성이라는 습관"에 의해 받쳐져야 한다고 보았고, 비롤리도 "자유를 수호하기 위해서 공화국은 시민적 덕성, 즉 공동선에 봉사하겠다는 시민들의 각오와 능력에 의지할 수 있어야 한다."고 판단했다.[17]

---

17 마키아벨리, 『로마사 논고』, 109쪽; Q. Skinner, "Machiavelli on the Maintenance of Liberty," p. 4; 필립 페팃, 『신공화주의』, 439쪽.; 모리치오 비롤리, 『공화주의』,

공화주의는 개인의 자유가 누군가의 지배나 억압을 받지 않도록 법을 필요로 하고, 법의 규범이 지향하는 것은 공동선(또는 공익)이 될 터인데, 시민들이 공동선에 부응할 수 있도록 시민적 덕(성)을 갖출 때 비로소 시민 누구나 자유를 누릴 수 있다고 보는 것이다.

5. 현대의 공동체주의적 공화주의

공화주의는 현대 들어서서 다시 타오르기 시작했다. 먼저 신로마 공화주의가 전면에 등장하였지만, 이와 흐름의 방향을 같이 하면서도 궤적을 다소 달리하는 또 하나가 형성되기에 이른다. 신로마 공화주의는 비지배적 자유의 가치를 최고의 것으로 내세우면서 그 이외에 대해서는 이를 받쳐주거나 보조하는 것으로 간주하는 경향이 강하다. 그래서 이를 일러 자유주의적 공화주의라 부르기도 한다. 반면 다른 사조는 시민이 지녀야 할 덕성이나 공동의 자치(즉, 자기통치), 공동선을 주변적 가치로 물러서게 하는 것은 결코 바람직하지 않다고 판단한다.

어느 공동체에 처하든 일반 시민이 강자나 특정 파벌로부터 부당하게 지배나 구속을 받을 조건에 놓여있을 때 자유의 가치를 가장 절실하게 요구하게 됨은 자명하다. 그러나 법에 의해 제도적 억압이 해소되는 상태에서 자유만을 곧추세우는 것으로는 더 나은 사회를 향해 나아갈 수 없음 또한 분명하다. 예수의 사도로서 복음을 가장 정확히 꿰뚫은 바울Paul은

145쪽.

기독교가 로마제국의 통치권 전역으로 전파되는 데 결정적 기여를 한 인물인데, 그는 신약성경 갈라디아서에서 "형제들아 너희가 자유를 위하여 부르심을 받았으나 그 자유로 육체의 기회를 삼지 말고 오직 사랑으로 서로 섬기라."(5:13)고 하였다.

부당한 억압과 지배를 불허하는 법이 구축된 상태에서 사회 구성원 누구나 자유를 누릴 수 있다고 해도 그것만으로는 인간적 한계에 봉착하지 않을 수 없다. 사람은 태어나면서 재능과 출신 배경에 있어 차이가 있고 또한 선악의 양면성을 띤 존재인 연유로 자유를 허용하는 것만으로는 사회적 차별과 소외, 불평등을 막지 못할 뿐만 아니라 오히려 이를 심화시키기 일쑤다. 도덕적 절제나 종교적 성찰이 이루어지지 않는다면, 자유는 각 개인으로 하여금 육신의 정욕과 이기심, 계산적 이성에 이끌리게 하여 타인, 특히 사회적 약자에게 정신적이거나 물질적인 피해를 줌으로써 공동체를 끊임없이 불안케 만들 것이다. 현대 시장만능주의 사회에서 벌어지는 사태가 전형적이다. 이에 공동선이나 자치self-government와 같은 공동체적 가치를 개인에게서 발원하는 자유의 가치와 더불어 중시할 때 비로소 좋은 사회good society로 전진할 수 있다고 본다. 이런 입장은 공동체주의적 공화주의communitarian republicanism라 부를 수 있는데, 시민의 미덕을 함양하여 자치와 공동선을 도모하는 가운데 자유를 누리게 한다는 것이므로 시민적 공화주의civic republicanism로 지칭하기도 한다.

자본주의의 확산으로 활성화된 현대 지구촌의 자유주의가 시민 누구에게도 자기 이익을 자유롭게 도모토록 조성할 뿐만 아니라 적극적으로 부추기고 있지만, 경제 시장의 지배력이 갈수록 증폭되는 실상에 비추어 결코 좋은 사회로 이끌고 있다고 말할 수는 없다. 좋은 사회를 지향할 경우, 개인의 자유가 필요조건이지만 충분조건일 수는 없다. 그렇다면 자유 이외에 다른 무엇이 더 필요할까? 기독교의 사랑(형제애, 박애)이 대표하는 바의 미덕과 자신들의 운명에 대해 스스로 통제력을 갖는 자치, 그리고 좋은 사회가 목적하는 바의 공동선common good이 요구될 것이다.

마르크스적 평등주의Marxist egalitarianism는 인민의 자유를 너무도 가볍게 유린하면서 전체주의 독재로 쉽게 빠져들기 때문에 좋은 사회의 대안일 수 없다. 다만 평등의 가치는 공동선의 빼어난 구성요소로 편입될 마땅한 자격을 갖추고 있다. 자유는 개인적인 것에서 출발하여 관계적인 것으로 이어지는 데 반해, 평등의 가치는 본래부터 공공적 관계성의 가치를 띤 것이기 때문이다. 이제 한편으로 자유를 중시하면서 다른 한편으로 공동선과 미덕을 내세우는 공화주의가 요청된다.

한나 아렌트Hannah Arendt는 독일서 태어난 유대인으로서 20세기의 두 차례 세계대전을 혹독하게 겪은 후에 근현대에 태동한 두 전통, 즉 좌우의 이데올로기가 파국의 사태를 낳는 결정적 한계에 봉착했다고 진단하면서, 새로운 대안으로 공적인 자유public liberty에 기초한 말과 행위를 통해 시민의 미덕을 기르고, 자치를 강화함으로써 공화적 이상을 향해 나아가야 한다고 주장하였다. 이후 아렌트를 잇는 출중한 개척자로는 하버드대의 마이클 샌델Michael J. Sandel과 영국 출신의 존 포콕John Pocock 등을 꼽을 수 있는데, 그 사상적 원조로는 미국 건국의 기초자 토마스 제퍼슨Thomas Jefferson과 프랑스의 루소J. J. Rousseau, 그리고 더 근원으로 거슬러 올라가면 로마의 공화주의 사상가들과 그리스의 아리스토텔레스 등을 들 수 있다.

공화정이 성취된 규모 큰 나라로는 역시 고대 로마와 현대 미국을 꼽을 수 있다. 이에 미국 공화정의 역사적 궤적을 추적하여 이를 부활시키려는 정치철학자 샌델에게 초점을 맞추지 않을 수 없다. 우리에게 『정의란 무엇인가』로 친숙한 샌델은 그것에 앞서 1996년에 출간한 『민주주의의 불만 *Democracy's Discontent*』이란 저서에서 미국 건국 당시에 펼쳐졌던 공화주의의 역사적 내용을 세밀하게 드러내고 있다. 샌델은 제목에서 시사하듯이 민주주의 자체에 대한 불만이라기보다는 이에 자유주의가 결합되어 편향되면서 갈수록 좋은 사회와 거리가 먼 방향으로 흘러가고 있는 오늘의 미국 현실을 질타하고 있는 것이다.

현대 미국서 벌어졌던 일부 사태를 살펴보자. 독일 나치의 유대인강제수용소에서 천심만고 끝에 살아남은 유대인들 일부가 미국 일리노이 주 스코키Skokie 마을로 찾아들어 집단으로 거주하는 곳이 있다. 신나치주의자들이 이곳을 목표로 삼아 반유대인 시위를 벌이자 유대인들이 스코키 시민들과의 대화를 통해 시로 하여금 나치의 시위를 금지시키는 조례를 통과시켰는데, 전미시민자유연합이 신나치를 변호하면서 "표현의 자유는 가장 극단적인 사건들 속에 존재한다. 그렇지 않다면 표현의 자유는 결코 존재하지 않는다."는 판단 속에 표현과 집회의 자유를 제한하는 시 조례의 위헌성을 제소하게 된다. 이에 연방 대법원은 1978년에 내린 판결에서 아무리 비난받을 표현이라고 해도 정부는 중립성을 견지해야 한다면서 시 조례를 위헌으로 규정했다.[18]

어디 그것뿐이겠는가? 몇 가지만 거론해 보자. 여성을 성적인 노리개로 비하하면서 시민적 미덕을 해치는 포르노에 대해서 지역 단위의 시가 조

18 마이클 샌델, 안규남 옮김, 『민주주의의 불만』(파주: 동녘, 2012), 130–31쪽.

례를 통해 규제하려고 해도 현실에서는 자유주의에 의거한 헌법적 해석의 벽에 부딪혀서 좌절되기 일쑤다. 이혼과 관련해서도 과거에는 혼외부정 등 배후자의 도덕적 과오가 있을 경우에 책임을 수반하여 허용되던 것이 최근에는 성격상의 차이를 호소하는 것만으로도 인정함으로써 너무 쉽게 가정을 파편화시키면서 자녀들을 끈 떨어진 신세로 만들고 있다. 가장 진보적인 캘리포니아 주가 도덕적 책임과 무관한 무책주의 가족법을 채택한 이후 빠른 속도로 거의 모든 주로 확산되었다. 환경문제와 관련해서도 욕망의 자유를 한껏 내세워 세상의 자원을 독식하듯 사용하고 있음에도 불구하고 병들고 있는 지구자연의 보호에도 매우 무책임한 편이다.

샌델은 민주사회인 미국에서 왜 이런 일이 벌어지는지에 대해 규명하고 있다. 대법원이 판결의 기준을 자유주의에서 찾고 있고, 정치권은 그 범주에서 안주하는 경향이 농후해졌다는 점이다. 오늘날 미국에는 존 로크John Locke와 칸트I. Kant의 고전적 자유주의를 배경으로 한편으로는 시장 만능주의를 핵심으로 삼는 자유지상주의libertarianism가 있고, 다른 한편으로는 케인스의 계획경제와 맞물리는 형세로 평등 지향의 사회정의에 주안점을 두는 존 롤스John Rawls의 자유주의가 포진해 있다. 이로써 각 개인은 독립적 자아로서 자유와 생명, 사유재산에 대해서 또는 공정한 기회나 복지에 대해서 권리를 갖고, 스스로가 이롭다고 여기는 것을 자유롭게 선택할 수 있으며, 이에 부응하여 정부는 각자가 선호하는 선善의 천차만별에 비추어 그 행위의 옳음과 권리, 정의를 존중할 뿐 선에 관한 한 중립성neutrality을 유지하면 된다고 여긴다. 그리고 이런 유형의 것이 침해받을 때 민주적 절차에 따라 소송으로 문제를 해결하고자 나서고, 법정은 헌법과 법률에 따라 판결을 통해 사회를 공정하게 조절하면 된다고 판단한다. 샌델은 공화주의의 내용은 온데간데없고, 오직 자유주의에 의거하여 민주주의의 절차만 남은 형세의 미국을 일러 절차적 공화정procedural Republic이라 꼬집고 있다.[19]

그런데 과연 미국의 공화정은 본래부터 내용 없이 절차만 남기고 있었던 것인가? 샌델은 결코 그렇지 않으며, 건국의 아버지들에게서 이를 확인할 수 있다고 한다. 독립선언서를 기초한 토마스 제퍼슨(제3대 대통령)은 초기에 영국 등 서유럽에서 번창하던 대규모 제조업에 대해 그것에 대한 "의존은 굴종과 금전에 대한 예속을 초래하고, 덕의 싹을 짓밟아버리며, 야심적인 음모를 실현하는 데 알맞은 수단들을 제공한다."고 우려하였으며 "공화국의 활력을 유지시키는 것은 국민의 미풍양속과 정신"이라고 외치면서 자치에 부응하는 농업이나 장인에 의한 소규모 제조업 등을 적극 장려하였다. 국부로서 제2대 대통령을 역임하는 존 애덤스John Adams는 독립선언서 채택 전날 "공적인 덕성이 공화정의 유일한 토대이다."라고 썼으며, 이어서 "인민의 마음속에 공공선, 공익, 명예, 권력, 영광에 대한 적극적 열정이 있어야 한다. 그렇지 않으면 공화주의적 정부도, 진정한 자유도 있을 수 없다."고 외쳤다. 제4대 대통령을 지내는 제임스 매디슨James Madison은 1787년의 연방 헌법을 작성함으로써 헌법의 아버지로도 불리게 되는데, 그 역시 연방에 속한 각 주에서 건국혁명의 정신에 역행하는 방향으로 나타나는 지나친 사익 추구와 사치에 대해 우려하였고 또한 일부 주들에서 벌어지고 있던 파퓰리즘 성격의 정책에 대해서도 민주주의의 과잉이라고 질타하면서, "사회의 다수 중에서 가장 고귀한 인물들," 즉 "계몽된

---

19 위의 책, 48쪽.

견해와 유덕한 감정들로 인해 지역적 편견과 부정한 계획을 넘어서는" 사람들이 나서서 활약하도록 이를 "추려낼 수 있는" 법의 체제를 기획함으로써 사람은 물론 제도 자체에도 미덕의 함양을 구현하고자 하였다.[20]

샌델은 건국 당시에는 자유와 민주주의, 공화주의가 근간을 이루었는데, 세월이 흐르면서 그 하나인 공화주의가 수많은 개인들의 자유로운 사익 추구와 정부의 중립적 태도에 밀려 퇴조함으로써 시민들의 불만이 가득 찬 사회로 변해가고 있음을 경고하고 있다. 자본주의 경제에 깊숙이 침투한 공리주의utilitarianism 사조도 자유주의와 엉키어서 사태를 더욱 꼬이게 만들고 있다. 이렇게 해가 거듭될수록 자신들이 어찌해볼 도리가 없는 방향으로 사회가 흘러가고 있으니 어느 누구도 자신이 운명의 주인이기는커녕 표류하는 시대적 조류에 편입되어 부표처럼 떠다니면서 그 안에서 왜소해진 자유나마 누리고자 애쓰는 신세로 전락하고 있는 형세이다.

그는 지난 반세기 사이에 이런 문제의식을 제대로 가진 대통령을 만나보지 못했고, 다만 당선이 유력했지만 암살을 당한 로버트 케네디Robert F. Kennedy 민주당 대통령 후보에게서 그런 것을 발견했을 뿐임을 적고 있다. 로버트 케네디는 1968년 연설에서 8,000억 달러를 넘긴 당시 국민총생산(GNP)이 사상자가 즐비한 고속도로의 구급차와 죄수 가두는 교도소, 담배 판매 광고, 울창한 숲속 아름드리 삼나무를 베어내는 목재소, 대기오염을 뿜어내는 자동차, 폭력을 모방케 하는 TV 프로그램, 우라늄을 함축한 네이팜탄, 무장한 경찰특공대 차를 포함하지만, 정작 사람들의 삶

20 위의 책, 5장 「초기 공화정의 경제와 덕성」에서 재인용.

에서 중요하다고 여겨지는 것들로서 아이들의 건강이나 교육의 질, 단란한 가정의 장점, 시의 아름다움, 공무원의 청렴성, 애국심 등을 포함하고 있지 않음을 비통한 어조로 일깨우면서, 미국은 이제 정량적 평가 속에 포함되고 있지 않지만 삶을 가치 있게 만드는 것을 중시하는 방향으로 나아가야 함을 역설하고 있다.[21] 샌델은 이렇게 말하고 있다.

> "공화주의 정치이론에 따르면, 자유롭다는 것은 자체의 운명을 지배하는 정치 공동체를 다스리는 데 참여한다는 것을 의미한다. 이런 의미에서 자치는 자체의 운명을 지배하는 정치 공동체들 그리고 공동선을 위해 행동할 수 있을 만큼 자신을 공동체와 충분히 동일시하는 시민들을 필요로 한다. 그러한 참여에 필요한 덕, 독립성, 공유된 인식을 갖춘 시민들을 길러내는 것이 공화주의 정치의 주된 목적이다."[22]

마키아벨리의 거울을 통해 다가가는 고대 로마의 공화정은 비지배적 자유에 초점이 맞추어져 부각되어 있다. 그럴만한 충분한 이유는 고대는 물론 근대에 이르기까지 인민은 군주나 귀족들로부터 지배를 당하거나 억압 상태에 놓여 있었기 때문에 최우선은 자유의 제도적 구현일 수밖에 없다. 그러나 현대 자유주의 사회에서는 양상이 사뭇 달라질 수 있다. 청교도들이 종교적 탄압에 의해 자유를 유린당하기 일쑤인 영국을 탈출하여 신대륙으로 처음 건너왔고, 이를 좇아 구대륙 서유럽서 압박과 설움을

---

21 마이클 샌델, 이창신 옮김, 『정의란 무엇인가』(파주: 김영사, 2010), 364–66쪽.

22 마이클 샌델, 『민주주의의 불만』, 365쪽.

당하던 이민자들이 북아메리카에 도착하자 서로 합세하여 공동체인 마을과 도시를 세웠다. 초기에는 원주민인 인디언들의 도움도 적지 않게 받았다. 어쨌든 그들은 이곳에서 여전히 영국과 구대륙의 나라로부터 억압을 당하지 않기 위해 자유를 외쳐야 했지만, 마을과 도시, 독립 주state 안에서는 어느 정도 자유를 제공받는 상태에서 보다 나은 꿈을 향해, 더 좋은 나라를 만들기 위해 다른 정치사회적 가치에도 주목해야 했다. 바로 그 가치는 제퍼슨이나 매디슨과 같은 국부들이 외쳤던 공동선이다.

각 개인은 자유를 누리되 공동체 구성원으로서 이웃에 대해 기독교 형제애에 따라서 덕을 갖춘 행동을 거듭하면서 조금씩 나아지는 사회를 맛보았고, 자신들의 일에 대해 외부의 억압 없이 법으로 처리하는 자치를 시행할 수 있다면 자유는 더욱 공고화될 것임을 확신하였으며, 첨예하게 이해관계를 달리할 사안일지언정 불가피하다면 공동선을 위해 노예제 폐지를 향한 결단도 서슴지 않았다. 건국 과정에서의 미국 공화정은 바로 이런 가치도 함께 중시한 것이다. 따라서 미국 공화주의는 로마의 공화정을 품되, 그 너머 고대 그리스 사상과 기독교 신앙까지 포함하고 있었다. 플라톤과 아리스토텔레스에게서 정의와 선, 덕의 윤리를, 기독교에서 선과 공의, 이웃사랑의 미덕을 찾게 된 것이다. 이렇게 마이클 샌델을 거울로 삼아 현대 미국의 공화정을 살펴본다면, 신로마 공화주의와 흐름을 같이 하되 궤도를 달리하는 공동체주의적(또는 시민적) 공화주의를 모색할 수 있게 된다.

6. 공동체주의적 공화주의의 공동선

공화주의의 최대 강점은 고대 로마나 건국 당시의 미국서 보았듯이 철저하게 현실에 기반을 두는 성찰 속에서 보다 좋거나 더 나은 사회를 지향한다는 점이다. 이상적으로만 판단한다면, 공화주의보다 숭고하고 아름다운 사조를 찾아내는 것이 얼마든지 가능하다. 무척 이상적일 수 있지만 현실적으로 공허하다면, 그런 사조는 현실 구제에 무력할 뿐이다. 세속적으로만 판단한다면, 공화주의보다 더욱 현실적인 입장을 홉스와 같은 정치적 이기주의에서 찾을 수 있다. 정치적 이기주의는 지극히 현실적이지만 보편적이지 않아서 사회를 시궁창에 처박기 일쑤고, 영혼 없는 신체와도 같아서 미래에 대한 밝은 희망을 품을 수 없다. 따라서 역사 속에 드러난 공화주의는 세속적 이기주의와 탈현실적 이상주의 사이에서 중용을 구현하는 사상이라고 할 수 있다.

오늘날 정치학은 사회에서 서로 견해를 달리함으로써 충돌을 빚게 되는 개인과 파벌, 집단의 이해관계를 합리적으로 조절하는 데 일차적 목표를 두고 있다. 공화주의 역시 사회적 갈등의 합리적 조절을 꾀하지만, 그 상태를 넘어서고자 한다는 데서 특징을 찾을 수 있다. 이점은 아리스토텔레스의 다음 말에서 확인할 수 있다. "정치학은 다른 모든 학문을 구사하는 것이기 때문에, 또 우리가 무엇을 해야 하며 무엇은 해서는 안 되는가에 대해서 입법하는 것이기 때문에, 그 목적은 다른 모든 학문의 목적을 내포해야 하며, 따라서 그 목적은 인간을 위한 선이어야 한다."[23] 현실 안

---

23 아리스토텔레스, 『니코마코스 윤리학』, 32쪽. *Nicomachean Ethics*, 1094a–1094b.

주의 정치학이 사회 내 서로 다른 이익집단의 갈등을 중재하거나 실제 권력을 효과적으로 잡는 데 초점을 맞추는 정치 게임의 학문에 그치는 반면, 공화주의 정치학은 자유로운 시민의 덕을 함양하여 공동선을 목적으로 추구하는 방향으로 나아간다. 특히 공동체주의적 공화주의가 추구하는 바가 이것이다.

그렇다면 공동선common good은 무엇인가? 먼저 존 로크의 고전적 자유주의는 천부인권설에 따라 권리를 앞세운다. 칸트를 좇는 존 롤스의 현대 자유주의도 선(좋음)보다 옳음을 우선시한다. 그것은 선에 대한 각자의 생각이 다양하다고 보기 때문에 이를 제쳐놓고 개인의 옳음the right과 권리rights, 그 옳음(義)이 구현되는 사회적 정의justice를 앞세운다. 이런 관점에서 자유주의에 충실한 정부와 대법원은 거의 권리와 정의만 내세울 뿐 선에 대해서는 각자가 알아서 판단하여 추구하도록 중립성을 견지하고자 한다. 공동의 선에 관한 판단은 괄호를 치거나 당장 쓸 일이 없다고 보아 선반에 올려놓을 뿐이다.[24] 공리주의는 행위의 옳음을 목적한 바의 선, 즉 최대 다수의 최대 쾌락(또는 행복)의 실현에 의거하는 것으로 판단하지만, 공동체를 '허구의 집단'으로 여기는 벤담의 자세에서 알 수 있듯이 공동선을 개개인의 계산적 유용성에 따른 선호의 단순 총합으로 볼 뿐이다.

공화주의는 자유주의나 공리주의와 공동선에 대한 입장을 달리한다. 물론 현대 공화주의 안에서도 두 견해가 있다. 우선 신로마 공화주의는

24 고바야시 마사야, 홍성민·양해윤 옮김, 『마이클 샌델의 정치철학』(서울: 황금물고기, 2012), 171쪽.

공동선을 공적인 이익으로 제약해서 생각하는 편이다. 페팃은 "공화국이 자기 시민들의 공통의 이익, 특히 당연히 받아들여지는 것으로써 공통적이고 인정받을 수 있는 이익을 쫓도록 강요된 국가"라고 규정하면서, 이런 공식에 따를 때 "국가가 시민의 이익이라고 추정되지 않는 선(善)에 대해 고려하는 것을 금한다."고 선언하고 있다. 비롤리 역시 공화주의 사상가들은 "공동선이라는 것이 모든 이들에게 좋은 것(또는 이익이 되는 것)이 될 수 없으며, 또한 사적 이익을 초월하면서 좋은 것(또는 이익이 되는 것)이 아니라고 생각한다. 즉 공동선은 자유롭게 살고 싶고 남에게 예속되지 않기를 바라는 시민들에게는 좋은 것을 의미"한다고 보고 있다.[25] 결국 신로마 공화주의는 공동선을 공동의 이익으로 볼 뿐이고, 그것조차도 지배받지 않는 자유로 귀결시키고 있으므로 여기에 도덕적 선이 깃들 소지는 희박하다고 판단된다.

그러나 이런 신로마 공화주의는 미국 공화주의의 역사를 살펴볼 경우 그 취약성이 드러나게 된다. 대표적으로 링컨Lincoln과 스티븐 더글러스Stephen Douglas의 논쟁에서 살필 수 있다. 미국 남부는 노예제에 기반을 둔 대규모 농업 중심의 사회였고, 북부는 자유롭게 임금 계약을 맺을 노동자가 많이 필요한 공업 중심의 사회였다. 현실적인 경제적 필요의 관점에서 남부와 북부는 이해관계를 달리하고 있었으므로 남부의 공적 이익과 북부의 공적 이익이 충돌을 빚고 있는 상태였다. 1858년 일리노이 주 상원의원 선거에서 당시 거물 정치인이었던 민주당의 더글러스에 도전장을 내민 것은 신인 링컨이었다. 샌델에 따르면, "더글러스는 노예제의 도덕

25 필립 페팃, 『신공화주의』, 506–07쪽; 모리치오 비롤리, 『공화주의』, 120–21쪽.

성에 관해서는 의견이 불일치할 수밖에 없으므로 국가 정책은 노예제 문제에서 중립을 지켜야 한다고 주장"한 반면, "링컨은 더글러스의 정치적 정의관에 반대"하면서 "국가 정책은 노예제에 대한 실질적인 도덕적 판단을 회피해서는 안 되고 오히려 의견을 표명해야 한다고 주장했다."[26] 링컨은 상원의원 선거에서는 졌지만, 이 논쟁을 통해 일약 스타로 부상한다. 그리고 곧바로 치러진 1860년의 대통령 선거에서 수년 전 창당된 공화당의 후보로 나서서 돌풍을 일으키며 당선된다. 그리고 남부의 연방 탈퇴라는 국가적 분열의 위기 속에서도 노예 없는 좋은 사회를 향하여 결단을 내리게 되고, 마침내 남북전쟁을 승리로 이끌게 됨으로써 악의 행보였던 노예제를 끝장내게 된다.

여기서 보듯이 공동선을 도덕과 무관한 공적 이익public interests으로 가두어둔다면, 집단과 집단 간에 빚어지는 상이한 공익의 충돌은 해결할 길이 없다. 해결 방도는 남부국가와 북부국가로 분열하면 되긴 할 터이다. 그러나 그것으로 종결되는가? 이익에만 매달릴 경우, 사익이든 공익이든 끊임없는 분열과 이합집산으로 점철될 뿐이다.

가령 동아시아의 한국과 중국, 일본이 각각 자기 집단의 공익을 추구할 것인데, 이때 공익 간의 충돌이 빚어지는 첨예한 사안으로 인해 언제든 전쟁에 돌입할 수 있을 것이다. 공화국이 공화주의에 충실하되, 그것이 전쟁을 초래하여 패전국의 자유를 박탈하는 일이 벌어지지 않도록 하려면, 공익을 추구하면서도 첨예한 사안과 관련해서는 도덕적 공동선의 지평으로 올라설 수 있어야 한다. 내게 이익이 되는 것을 추구하는 것이 도덕적으

26 마이클 샌델, 『민주주의의 불만』, 39쪽.

로도 옳다는 윤리적 이기주의는 나와 타인의 갈등을 해결할 수 없으므로 보편화가 가능하지 않다. 반면 예수께서 가르친 바로서 “남에게 대접을 받고자 하는 대로 너희도 남을 대접하라.”는 성경의 황금률은 보편화 가능성의 원천source of universalizability이다. 칸트는 황금률에 착안하여 실천이성의 근본 법칙을 제시했는데, 이것이 유럽 대륙의 법 제정에 심오한 영향력을 끼쳤음은 잘 알려져 있다.

공동체주의적 공화주의는 현실에서 출발하기 때문에 공익을 중시하지만, 첨예한 사안에 이를 때는 이익 넘어서기를 주저하지 않는다. 그것은 각 개인이 공적 해악을 초래하지 않는 선에서 이루는 사익 추구를 돕고, 사익의 추구가 공익에 부합하기를 적극 성원하며, 고비에 이른 최종 단계에서는 공익을 넘어 공동선으로 이행하기를 힘쓸 뿐이다. 그것은 개인의 자유와 권리, 행위의 옳음, 정의를 중시하는 자유주의가 일정하게 시대적 역할을 잘 감당했음을 부인하지 않는다. 다만 그 지평서 머무르려 하지 않는다는 점이다.

예수께서 밝힌 선한 사마리아인의 비유는 이를 설명해 줄 수 있다고 본다. 유대인 제사장이나 레위지파 사람은 강도를 만나 봉변을 겪은 행인을 보고서도 피하였던 반면, 천하다고 질시를 받던 사마리아인은 그를 외면하지 아니하고 보살펴서 회복하도록 돕는다. 이때 봉변당한 유대인은 사마리아인을 향해 도움받을 권리가 있다고 주장할 수 없지만, 공동체 구성원의 하나인 사마리아인은 곤경에 빠진 자를 자애로 보살피는 책임을 기꺼이 이행한다. 이렇게 공동체적 책임은 개인적 차원의 자유적 권리를, 더 나아가 배타적이었던 집단까지도 넘어선다. 그것은 이웃사랑으로 선을 행하는 것이기 때문이다. 상황이 바뀌어 사마리아인이 뜻밖의 어려움에 처했을 경우에 거꾸로 주변의 누군가로부터 도움을 받을 수 있다. 사회 구성원이 드러내는 행위의 덕은 실질적 터전에서 함양된다. 이렇듯이 공화주의의 공동선은 도덕적 성격임을 내세우고 또한 보편화 가능성을 함축하는 황금률의 정신을 소중하게 여기게 된다. 공화주의가 삶의 구체적 사안에서 출발하되 보편화 가능한 도덕적 지평에 이를 때, 비로소 지구촌 시민이면 누구에게나 또는 어떤 나라에게서도 공감을 얻을 수 있을 것이다.

샌델은 현실 자유주의의 "절차적 공화정이 편협하고 불관용적인 교훈들로 향하는 길을 열어주는 도덕적 진공 상태를 만들어내며, 시민들이 다 같이 자치에 참여할 준비를 할 수 있게 해주는 인격적 성질들을 함양시킬 수 없다."고 보아 그 대안으로 공동체주의적 공화주의를 모색하고 있는 것이다.[27]

공동체주의적 공화주의가 자유와 더불어 추구하는 공동선은 과연 무엇인가? 필자는 공동선에 대해 그 주체와 절차, 상태, 내용으로 세분하여 구체화하고자 한다. 여기서 공동선의 내용은 목적이고, 상태는 이를 구현하는 주체들의 관계적 질서이고, 절차는 이를 실현하는 과정이며, 그리고 주체는 실천적 행위자라고 이해해도 좋을 듯하다.

공동선의 행위 주체는 지배받지 않는 공동체의 자유인이다. 주체는 역사 속 로마의 공화정에서 구현되었듯이 법 이외에는 어느 누구의 지배도 받지 않는 자유인이다.

공동선의 구현 절차는 개인들이 자유롭게 판단하여 행위를 하되, 그것이 보편화 가능성의 원리에 부응하는 데 있다. 여기서 보편화 가능한 자유

---

27 위의 책, 42쪽.

의 행보는 타인에게 저해되지 않을 뿐만 아니라 이로운 것이기에 덕을 갖춘 것이다.

공동선의 상태는 온전히 공적 조화public harmony가 이루어짐에 있다. 공적 조화에 대해서는 좀 더 깊이 살펴볼 필요가 있을 것이다. 필자는 논의 맥락 선에서 성경과 플라톤에 조회함으로써 좋은 방도를 찾을 수 있다고 본다.

먼저 플라톤이 거론한 네 가지 주된 덕(또는 탁월함)에 대해 살펴보자. 그는 국가가 온전한 상태가 되려면, 적과 전쟁을 벌이는 상황에서는 용기를 지닌 자들이 많아야 하고, 통치를 할 때는 지혜가 발현되어야 하며, 일상으로는 누구나 자신들이 잘하는 직분에 충실하도록 절제를 행해야 한다고 보았다. 그리고 통치자나 군사, 생산자와 같은 "각자 모두가 공동체와 관련해서 자신의 역할이 가장 잘 발현될 수 있는 일의 하나에 애쓰는 것"이 정의dikaiosynē라고 보았다.[28] 따라서 정의는 한편으로 각자가 마땅하다고 평가받는 제 할 일에 힘쓰는 것일 터이고, 다른 한편으로 지혜와 용기, 절제의 세 가지가 탁월함에 이르도록 국가가 구조화되는 상태인 것이다. 또한 그는 개인의 차원에서 인간 누구나 영혼을 지닌 존재로서 이를 구성하는 세 영역인 욕망과 기개, 이성의 제 기능이 잘 발현하는 상태를 일러 또한 정의라고 언급하였다. 플라톤은 정의를 국가만이 아니라 개인에게도 적용한 것이다.

플라톤이 가장 앞서서 정의를 언급하였다고 하더라도 그 의미가 오늘

28 Plato, R. Waterfield trans. *Republic* (New York: Oxford University Press, 1998), p. 140, 433a.

날 사용하는 정의의 개념과 사뭇 다르기 때문에 혼란을 빚을 소지가 매우 큼에도 주의할 필요가 있다. 아리스토텔레스가 포괄적 정의 가운데 분배적 정의를 따로 떼어내어 언급하였고, 정의의 기본 형식으로 "같은 것은 같게, 다른 것은 다르게" 대우하는 것을 정의라고 규정하였다. 이후 근대 철학자 데이비드 흄David Hume은 정의의 사회적 조건을 명확하게 제시하였다. 그는 인간이 다분히 이기적이어서 제한된 관용limited generosity을 지니고 있을 뿐인데, 사회적 자산은 각자가 욕구하거나 희망하는 바를 다 충족시킬 수 없을 정도로 부족함scanty에 놓인 상태가 정의를 구체화할 조건이라고 보았다.[29] 이후 정의의 내용을 채워줄 기준으로 노력이나 기여, 능력, 권리, 필요 등이 후보로 상정되기에 이른다. 정의에 대한 주류적 논의는 그 흐름 선상에서 사회정치적 지위와 자산이 구성원에게 응당 돌아갈 조건과 형식, 내용으로 점철되는데, 여기서 플라톤의 정의 개념은 마땅히 설 자리를 찾기 어렵다. 이에 그것을 조금 다른 의미로 소환하여 활용하는 것이 더 낫다고 본다.

성경에서 플라톤의 언급과 흡사한 것을 찾아볼 수 있다. 초대교회를 개척한 사도 바울은 고린도전서 12장에서 공동선의 질서로 포착할 수 있는 비유를 적절히 들고 있다. 인체라는 한 몸은 머리와 눈, 코, 귀, 입, 팔, 다리 등 여러 지체로 구성되어 있는데, "눈이 손더러 내가 너를 쓸 데가 없다고 하거나 또한 머리가 발더러 내가 너를 쓸 데가 없다 하지 못하리라" 하면서 "더 약하게 보이는 몸의 지체가 도리어 요긴"하게 여겨짐으로써 "몸 가

29 D. Hume, *A Treatise of Human Nature*, bk. 3, pt. 2, sec. 2, In H. D. Aiken ed., *Moral and Political Philosophy* (New York: Hafner Press, 1948), p. 63.

운데 분쟁이 없고 오직 여러 지체가 서로 같이 돌보게 하셨느니라."고 하였다. 그리고 이와 마찬가지로 예수를 상징하는 교회도 사도나 선지자, 교사, 병 고치는 은사 지닌 자, 봉사자 등의 여러 직분을 지닌 자들로 구성되는데, 이렇게 "각 사람에게 성령의 나타내심은 공동선common good(영어 NIV 번역본 용어)을 이루게 하려 하심이라."고 하였다. 필자는, 성령과 관련해서는 무엇인가 깊은 종교적 깨달음이 요청된다고 보지만, 성경의 사회적 시각에서 볼 때 플라톤의 '정의' 개념을 '유기적 조화'로, 이에 국가의 정의를 '공동선(의 조화)'으로 치환해도 무리가 없으리라 본다. 물론 마땅히 제 할 일에 힘쓰는 것이 정의라는 플라톤의 개념에는 국가가 사회 구성원 각자로 하여금 자신이 잘 해낼 수 있는 기능적 역할을 하도록 기회를 제공해야 함을 포함한다고 할 것이다.

이제 공화주의 공동선의 관점에서 풀어보도록 하자. 몸의 경우 이목구비와 수족이 뚜렷할 때 듣고 보고 먹고 냄새 맡고, 팔과 다리를 움직이는 각각의 고유한 기능이 자유롭게 탁월함에 이르게 되고 또한 동시에 각 지체가 유기적 관계 속에서 공적 조화를 구현할 때 건강함을 갖추게 된다. 이와 흡사하게 국가의 경우 정치인과 관료, 군인, 상공인, 농어민 등 각 직분에 종사하는 수많은 사람이 한편으로 자유롭게 고유한 제 역할을 잘 실현하고, 다른 한편으로 서로의 역할이 유기적 관계를 맺어 공적인 조화를 이룰 때 다툼과 분쟁이 사라짐으로써 자유와 평화, 행복을 구현할 수 있게 될 것이다. 공화주의가 공동선이라는 이름으로 지향하는 바가 바로 이것일 것이다.

13세기 신학자로서 그리스 사상에 영향을 받아 스콜라철학을 집대성한 토마스 아퀴나스Thomas Aquinas도 『신학대전』에서 국가의 법에 대해 정의를 내리는데, "그것은 공동선bonum commune을 구현하고자 공동체를 대변하는 사람에 의해 만들어져서 공표되는 이성의 주문과 다름없다."[30]고 하였다. 아퀴나스의 견해는 국가적 공동선의 토양이 될 수 있을 것이다. 다만 일방적 구심력의 쏠림, 즉 중앙 집중화로 쏠릴 수 있으므로 이와 대비되는 개인의 자유를 같은 정도로 중시하지 않으면 안 된다고 본다. 이런 의미에서 공화주의의 공동선은 한 나라에만 해당되는 것이 아니라, 국가 간의 국제적 관계에도 그 적용이 요청된다.

여전히 유념해야 할 바도 있다. 여기서 인체가 유기체라고 해서 교회나 사회도 유기체라고 말하려는 것은 아니다. 비유컨대 인체의 유기적 기능과 흡사하게 선순환의 유기적 관계성을 교회나 국가가 갖출 때 분쟁 없이 목적한 바를 추구하는 데 이롭다는 점을 말하려는 것이다. 지구 자연도 그 자체가 생명 유기체는 아니지만, 숱한 종과 개체 생명체가 탄생하여 생을 이어가다가 마감토록 조성된 생명부양체계인 것과 같다. 에너지 순환의 관점에서 자연은 무수한 동식물 종과 생명기반(빛과 물, 공기, 흙 등)이 나름의 고유한 제 기능을 다하는 가운데 남아도는 것도, 모자라는 것도 없는 효율적 체계이다. 이 경우에도 인간 사회가 생명 에너지의 선순환이라는 전 지구적 공동선에 동참할 때 지속가능할 수 있지만, 그렇지 않을 때는 환경적 위기를 맞을 것이라는 점이다.[31]

현대 공화주의는 현실사회에 제 이익과 실속을 채우려는 자들이 적지

---

30 St. Thomas Aquinas, Fr. Laurence Shapcote, trans., *Summa Theologiae: Prima Secundae, 71-114* (Lander, WY: The Aquinas Institute for the Study of Sacred Doctrine, 2012), p. 202. ST, Ⅰ−Ⅱ, Q.90, A.4.

31 자세한 내용은 다음 책을 참조. 한면희,『초록문명론』(파주: 동녘, 2004).

않음을 부인하려는 것은 아니다. 법과 제도를 어떤 사조로 운영하느냐에 따라 이기심이 판을 치는 나쁜 사회로 치달리거나 아니면 자유에 따른 사익 추구가 공익에, 공익이 공공선에 부응하는 방향으로 나아감으로써 점차 좋은 사회로 전진하느냐로 갈라질 것임을 말하려는 것이다. 공화주의 공동선은 전자가 아닌 후자로 탐조등을 비추는 사조이다. 따라서 공동선의 상태는 공적인 조화이어야 한다. 실제로 우리말 공화共和의 한자 의미가 바로 이것을 드러내고 있다고 본다.

공동선이라는 목적, 즉 내용이 무엇인지가 마지막으로 남겨져 있다. 이것을 파악하려면 인간 삶의 목적이나 공동체의 지향성을 알아야 하고, 그러려면 자아의 상에 대한 선행적 이해가 요구된다.

신로마 공화주의는 인간 자아에 대한 상을 별도로 갖고 있지 않다. 그러나 공동체주의적 공화주의는 자아에 대한 철학적 입장을 갖고 있으며, 그것은 자유주의의 자아 개념과 또렷하게 대비된다.[32] 자유주의는 롤스가 무지의 베일을 쓰고 사회계약을 맺을 때 나타내는 자아에 대한 콘셉트를 전형으로 삼는 편인데, 독립적 자아independant self의 상이 그것이다. 샌델은 이를 무연고적 자아라고 꼬집고 있는데, 무엇이든 자유롭게 선택할 수 있다는 것과 잘 맞아 떨어진다고 본다.

자유주의와 달리 공동체주의는 어떤 사람도 구체적인 역사와 문화 속에서 태어나 커가고 성숙을 거치는 연고적 자아encumbered self, 또는 뿌리박힌 자아의 상을 갖는다고 여긴다. 인간이라면 어느 누구도 태어나 자

32 자세한 내용은 다음 책을 참조. 한면희, 「공동체 공화주의의 정치철학」, 『21세기 공화주의』(고양: 인간사랑, 2019), 175–218쪽.

라고 성장하면서 자신이 속한 공동체의 말을 배우고 구사하며 삶을 영위할 때 그런 것에 배인 역사와 문화를 경험으로 체현하게 된다. 과거에는 문화의 폐쇄성으로 인해 갇히는 경향성이 강했던 반면, 현대에는 개방성으로 인해 다른 것들을 접할 기회가 많아지게 되었다고 하더라도 여전히 성장기의 원형에 대한 각인과 기억을 통해 의식적으로 또는 무의식적으로 이를 드러내게 됨은 부인할 수 없다. 현대 공동체주의자 매킨타이어A. Macintyre가 표현한 것처럼, 인간은 서사적 궤적narrative arc을 그리며 살아가는 존재이다.

현실 속의 사람은 누구나 자신만의 고유성이 담긴 삶의 이야기를 전하고 풀어낼 수 있듯이 변화를 겪는 연속적 자아의 삶을 살아간다. 부모와 형제, 친구, 이웃, 사회 공동체라는 문화사회적 토양에 짙게 또는 옅게 뿌리내린 채 자유를 구가하는 삶을 산다. 이 과정서 비트겐슈타인L. Wittgenstein의 언급처럼 같은 형제라면 서로 조금씩 다를지언정 가족 유사성family resemblance을 갖고 있음도 분명하다. 갈수록 엷어지기는 하지만 향토색 짙은 같은 마을(지역)의 출신들의 경우 향리 유사성을 지닐 것이고, 문화적으로 고유한 특색의 공동체 구성원이라면 역시 문화공동체적 유사성을 드러낼 것이다.

공동체주의적 공화주의는 현실 인간이 연계적 자아의 삶을 산다는 자아의 상에 대한 정치철학적 입장을 갖고 있다. 이에 각 개인이 목적한 바의 삶을 사는 것처럼, 그런 개인들을 품고 있는 공동체 역시 고유한 역사성 속에 나름의 문화적 지향성을 갖는다고 본다. 실제로 개인들이 상이한 상황을 매번 맞이하여 수정과 변화를 꾀하는 가운데서도 연속성을 지닌 삶을 살아가면서 단기적인 목표와 궁극적인 목적을 분별하여 나아가는 것처럼, 복합적 공동체들을 끌어안은 국가 역시 목적으로서의 공동선을 역동적으로 지향하는 것이 바람직하다고 여긴다. 작은 것은 작게, 큰 것은 크게 정도에 알맞도록 각 가치에 대한 평가를 토대로 미래에 대한 전망을 갖고 나아가야 한다.

다만 공화주의는 그 기본 태도에 반영된 것처럼, 한계를 지닌 인간 존재로서 역사문화적 전통을 존중하여 이어가도록 하되, 보편화 정신에 역행하여 사회적 해악을 초래할 성격의 것들을 부단히 수정하여 공동선을 이루는 방향으로 나아가야 한다. 정부는 숱한 사안에 대해 기본적으로 학계와 시민사회가 다양하게 논의를 펼칠 수 있도록 활짝 개방하고, 그 가운데 점차 중요하게 부상하는 현안들에 대해서는 노예제 시절에 내렸던 결단과 같이 공동선을 향한 부단한 노력을 지속해야 할 것이다. 이렇게 공동선은 주체와 과정, 상태, 목적이 서로 결부되어 있다고 보기 때문에 그 목적 자체만 따로 떼어내어 별개로 특정할 수 없다고 판단한다.

따라서 공동체주의적 공화주의의 공동선은 사회 구성원 각자가 연계적 자아의 상에 따른 주체적 자유인으로서 스스로 알맞은 역할을 찾아 수행하도록 하되, 동료 구성원과 함께 같은 권한과 책임을 갖도록 절차에 있어 보편화 구현의 규범에 따르도록 하고, 각인의 고유한 역할이 서로 간에 공적인 조화를 이루는 상태에 이르게 되어 누구라도 사회적 존재감이나 긍지, 명예를 누릴 수 있게 하며, 부단히 변화하는 물리적 및 사회적 여건에 부응하여 문화역사적 맥락에 따른 기획과 수정, 재수정이 이뤄지는 열린 목적을 좇아 좋은 사회를 지향하는 데 있다.

7. 우리 사회와 21세기 공화주의 지향

공동선을 지향하는 공화주의는 자유인으로 구성된 공동체가 그 고유의 역사성을 계승하는 가운데 보편화에 노출시킨 열린 이상적 가치를 추구하도록 이끈다고 할 수 있다. 여기서 21세기를 사는 오늘의 우리는 한민족의 역사적 계승자로서 우리가 끌어안을 공화주의를 펼쳐야 할 것이다. 이에 그것은 한편으로 미래지향적이어야 하고, 다른 한편으로 우리의 역사문화에 접목시킬 수 있도록 재구축remaking되어야 한다.

공화주의는 현실을 냉정하게 직시하기 때문에 오늘날의 지구촌 사회가 과학기술과 시장경제의 영향을 지대하게 받는 상태임에 유념할 필요가 있다. 이런 연유로 공동체주의적 공화주의가 내세우는 자치에 대해 간과할 이유가 없지만 그렇다고 과도한 비중을 둘 필요도 없다고 본다. 원천적으로는 각 개인이 법적으로는 물론 정신적으로도 지배받지 않는 자유를 소중하게 누려야 하는데, 그러려면 각자가 속한 마을의 자치, 지방자치, 그리고 최종적으로 국가적 자기통치가 이루어져야 한다.

미국의 건국 과정을 들여다보면, 자유를 찾아 대서양을 넘은 서유럽 이주자들이 모여서 마을을 이루고, 큰 단위로 주를 형성하였으며, 당시 13개 주가 힘을 합쳐 독립전쟁을 치르면서 최종적으로 미연방공화국을 탄생시키게 된다. 상향식으로 새로운 나라를 만드는 경로 속에 있었던 국부들은 청교도 정신을 간직하여 공화주의의 이상을 지향하면서 자치를 중시했고, 그 바탕이 되는 시민의 미덕 함양을 자유에 버금가는 것으로 강조했다.

토마스 제퍼슨은 서유럽의 대규모 제조업이 도입될 경우 사치로 인해 근검절약의 시민성이 사라질 수 있고 또 공장 노동자들의 경우 사주에 예속됨으로써 자율성과 독립심을 잃게 될 것을 우려하였다. 그는 자영농 성격의 농업적 생활방식이 시민의 덕성을 길러주고 또 자치에 가장 적합하다고 봄으로써 미국을 서유럽과 차별화된 농업대국으로 만들고자 하였다. 제임스 매디슨은 워싱턴 정부의 초대 재무장관을 역임하는 알렉산더 해밀턴Alexander Hamilton과 함께 연방국가의 건립과 힘 싣기에 주력하였지만, 영국 방식의 재정 정책을 펼치던 해밀턴에 대해서는 비판적인 입장을 견지하였는데, 그 이유 역시 제퍼슨과 유사하였다.

그러나 제퍼슨과 매디슨은 각각 3대와 4대 대통령을 수행하면서 해밀턴의 재정 정책이 큰 틀에서는 그다지 틀리지 않았다는 것을 뒤늦게나마 알게 된다. 서유럽 은행서 끌어들인 외자로 독립전쟁서 소진한 각 주의 빚을 갚으면서 막 탄생한 중앙정부의 빈 국고를 대신하고, 질 좋은 공산품의 생산과 유통, 소비를 통해 경제에 활력을 불어넣으며, 연방 중앙은행을 설립하여 필요한 산업을 육성하는 정책이 저지될 수는 없었던 것이다. 물론 두 국부 모두 공화정에 의거하여 역량을 갖춘 자유로운 미국을 건국하되, 불가피하게 요청되는 연방과 주의 권력을 최소화하면서 분산시키고, 그럼으로써 기초적 자치가 이루어지는 가운데 시민이 자유를 누리는 사회를 만드는 데 중요한 기여를 한 것임도 잊지 않아야 할 것이다.

통상 국가 정책은 명암을 함께 드러내는 것으로 나타난다. 건국 초기에 성장을 도모하는 경제 정책이 사치와 불평등에 따른 어두운 그림자를 짙게 드리웠다. 마침 1812년의 미영전쟁에서 영국군을 참패시킨 영웅 앤드루 잭슨Andrew Jackson이 등장하는데, 그는 기층 민중의 열렬한 지지 속에 제7대 대통령(1829–1837)을 역임하면서 이른바 민주주의의 승리라고

도 불릴 정도로 잭슨주의의 시대를 연다. 민주당의 잭슨은 연방정부의 무역 및 산업 지원과 중앙은행의 역할에 대해 몹시 비판적이었는데, 그 이유는 부자와 권력층에게 이용당하는 '타락의 히드라'라고 보았기 때문이었다. 그는 대기업과 은행업, 투기에 대해 적대적이었는데, 이유 역시 농민과 직공, 현장 노동자들만이 자치에 필요한 덕과 독립성을 갖는다고 여겼기 때문이다. 당시 잭슨주의와 대립하던 휘그Whig의 정파는 밀물이 모든 배를 띄울 것이라고 응수함으로써 이전 연방정부가 펼쳤던 해밀턴 방식의 재정 정책을 옹호하고 있었다.

경제 정책과 관련해서 제퍼슨과 매디슨, 그리고 해밀턴이 서로 상반된 견해를 견지하고 있었고, 그 이후 잭슨주의와 휘그당이 서로 대립적 입장을 취하고 있었음은 분명하다. 다만 그렇다고 해도 해밀턴과 휘그당(이후 공화당으로 흡수됨)조차 공화주의의 기획에 동참하고 있었다는 사실에 주목할 필요가 있다. 샌델에 따르면, 해밀턴은 공화주의의 고전적 이상이 이루어지되 현대적 수단에 의한 것이어야 하고 또한 경제적 자립과 번영을 통하여 공동선을 도모하자는 입장이었다. 휘그당원들은 상업을 통해서도 덕을 배양하는 것이 얼마든지 가능할 뿐만 아니라, 공화주의의 정신을 함양시키는 가장 이상적인 수단으로 공립학교를 바르게 세워서 공화주의 시민으로 태어나지 않았다 하더라도 공화주의 시민으로 육성할 필요가 있음을 주장할 정도였다. 그들도 시빗거리가 될 수 있는 당파성은 배제하는 형태로 시민의 덕을 함양하는 공화주의의 형성적 기획formative project에는 적극 동참하였던 것이다.[33]

33 마이클 샌델, 『민주주의의 불만』, 197, 226–231쪽.

건국 당시의 미국 공화주의는 세월이 흐르면서 점차 퇴조하여 자유주의에 자리를 내주게 된다. 여기에는 여러 이유가 있을 것인데, 서너 가지를 중요하게 꼽을 수 있다고 본다. 첫째, 새로운 사회적 격변에 대처하는 공화주의 내의 입장 차이가 너무 벌어지면서 전체 힘을 약화시켰다. 둘째, 고전적 이상에 대한 원칙적 고수가 새로운 흐름을 거부하면서 수동적이거나 사후 뒤처리 양상의 대처로 귀결된 것이 문제였다. 셋째, 자유주의 사조가 인간의 이기심을 부추기는 자본주의 경제에 적극 화답하면서 번영의 주도권을 잡은 채 공화주의를 한껏 위축시켰다. 무엇보다도 미국 공화당이 해밀턴이나 휘그당, 링컨의 공화주의적 기획과 이상을 점차 기억에서 지우면서 자유방임의 시장자유주의와 보수주의로 옷을 갈아입은 것은 이를 말해준다고 할 것이다. 공화주의 없는 공화당으로 변신한 셈이다. 민주당 또한 개인의 권리와 정의에 근거한 자유주의에 집중함으로써 국부들이 펼친 공화주의의 정신을 망각하고 말았다.

오늘날 미국은 자유주의의 가치 속에서 풍요와 번영을 누리고 있고 또 민주주의를 가장 잘 발전시킨 나라의 하나가 되었지만, 이것으로 족하다고 할 수 있는가? 그렇지 않다는 점은 민주당 대선후보 로버트 케네디의 연설문과 마이클 샌델의 민주주의에 대한 불만에서 찾을 수 있다. 현대 미국인들 다수는 평일에는 직장에 나가 바쁘게 일하고, 퇴근 후에는 집에 돌아와 TV를 켜놓고 주식이 올랐는지를 보면서 빈번하게 터지는 총기사고를 접하며, 휴일이면 가족과 함께 마트에 나가 장을 보고 돌아와 다시 지친 몸을 소파에 맡기는 일상에 젖어 있다. 어려운 처지의 하층민은 이곳저곳 구직처를 찾아보면서 하루의 끼니와 병마를 염려하면서 혹 밀려드는 이민자들에게 작은 취업의 기회조차 빼앗기지 않을까 전전긍긍하고 있다.

어느덧 다람쥐 쳇바퀴 도는 일상적 생활에 매몰된 자신을 발견하면서 진정한 삶의 의미와 가족애, 사회적 존재감을 느끼며 사는 것이 쉽지 않음을 깨닫게 된 것이다. 누구도 스스로 자신의 삶에 있어 운명의 주인임을 드러내면서 자유롭게 개척자적 삶을 사는 것이 갈수록 불가능해지는 세태다. 이것은 절차적 공화정에 만족하는 미국, 공화당조차 공화주의를 결여한 현실이 직면한 사태라고 보아도 과장은 아닐 것이다.

우리의 자화상도 미국보다 덜 하지 않은 실정이다. 공화주의를 제대로 경험하지 못한 채 애써 미국을 따라가고 있기 때문이다. 더군다나 한반도를 둘러싼 지정학적인 국제정치 질서가 위기감을 느낄 정도로 냉엄하게 조성되고 있음에도 불구하고 조선 중기부터 시작하여 구한말, 해방 전후의 시기, 그리고 오늘날에 이르기까지 정파적 진영 싸움으로 정치가 갈 길을 잃은 채 헤매고 있음은 지극히 우려스럽다고 아니 할 수 없다.

대한민국은 헌법 첫머리에 민주공화국임을 천명하고 있다. 민주주의와 공화정이 소중한 가치를 지닌 것이기에 이를 충실히 구현할 필요가 있음은 명확하다. 이에 21세기를 사는 오늘의 우리는 헌법의 근본정신에 비추어 다음 세 가지를 실현하는 데 역점을 두어야 한다고 본다. 첫째, 공화국을 국가 형태로만 좁게 가두지 말고, 오히려 역사 속에서 형성된 공화주의를 바르게 실현토록 경주해야 한다. 고대 그리스와 로마, 기독교를 통해 드러나면서 완성도를 높인 공화주의의 참뜻을 새겨 받아들여야 한다. 둘째, 미국 건국 과정의 공화정 구현서 겪었던 시행착오를 반면교사로 삼아 역동적으로 변화하는 현실에 조응하여 공화주의를 현대적 수단에 의해 실현하는 열린 자세를 부단히 견지해야 한다. 특히 현대사회에 강력한 영향을 미치는 과학기술에 대해 자칫 거부하는 수동적 태도에서 벗어나 공화주의에 부응토록 능동적이면서 선제적으로 제어하여 이끌 필요가 있다. 셋째, 비록 우리나라가 근대화 이전에 공화정을 구현한 적이 없었다고 하더라도 이에 부합하는 문화와 정신적 요소를 적지 않게 간직하고 있는 만큼 우리 고유의 역사문화에 공화주의를 접목시켜 21세기에 창의적으로 피어나도록 해야 한다.

따라서 우리는 공화주의가 세계 역사의 궤적 속에서 스스로 잘 드러낸 것처럼 한편으로 개인의 자유가 피어나는 가운데 시민성을 함양하여 공동선을 구현토록 하고, 다른 한편으로 그것이 우리 고유의 문화적 토양에서 활짝 피어나도록 함으로써 세상과 함께 하는, 더 나아가 지구촌 세계를 선도하는 대한민국이 되도록 해야 할 것이다.

2장 동감문명과 공화주의: '21세기 공화주의'를 위한 제안

윤원근(경희대학교 후마니타스칼리지 교수)

1. 공화주의란 무엇인가?

이 글은 기존의 공화주의를 동감문명에 새롭게 정초해 21세기에 어울리는 공화주의를 모색해 보려고 한다. 동감문명[1]은 인간의 본성에 새겨진 동감의 정서를 중심에 두고, 현대문명의 문제를 진단하고 그에 대한 처

1 필자는 『세계관의 변화와 동감의 사회학–지식인 사회의 혼란 해소를 위한 새로운 모색』(서울: 문예출판사, 2002)과 『동감신학–기독교와 현대문명을 말하다』(서울: 한들출판사, 2014)에서 동감문명 이론 체계를 확립하였다. 이 글은 이 두 책에서 동감문명에 관한 논의를 가져왔다.

방을 제시하기 위해 구성된 이론 체계이다. 동감문명은 공화주의 논의를 더 깊고, 더 풍부하고, 더 유연하게 만들어 줄 것이다. 공화주의에 대한 논의는 다양하지만 여기서는 비롤리(M. Viroli)의 책『공화주의』에서 소개된 것을 준거로 삼는다. 그는 고대 그리스 전통의 공동체주의적 공화주의 대신에 로마 전통의 자유주의적 공화주의를 계승하는 입장을 취한다. 그에 의하면, 공화주의는 다음과 같은 요소들로 정의된다.

첫째, 비지배적 자유: 비지배적 자유는 공화주의의 기본 정신으로, "주종관계나 예속 자체가 존재하지 않는" 평등한 시민들의 관계를 말한다. 주종관계와 예속이 없다는 것은 누구도 "자의적으로" 권력을 행사할 수 없음을 의미한다. 누군가가 당신에게 자의적으로 권력을 행사하지 않고 있다 하더라도 그렇게 할 수 있는 우월적 상태에 놓여 있다면 이 경우 당신은 자유롭지 않은 것이 된다.

둘째, 법의 지배(법치주의): 법은 자의적인 권력 행사를 금지함으로서 자유를 보장해 주는데 반드시 필요하다. 법은 자유를 구속하는 것이 아니라 모든 사람의 동등한 자유를 보장한다. 법이 없다면 가장 강한 자가 자유를 독점할 것이다. 비롤리는 로크의 다음과 같은 말을 인용한다. "법의 목적은 자유를 폐지하거나 제한하는 데 있는 것이 아니라 자유를 지키고 확대하는 데 있다." 공화주의는 법이 개인의 자유로운 행위를 간섭하므로 자유를 제한한다고 보는 자유주의와 생각이 다르다. 또 공화주의는 법이 자유를 보호하지만 자신이 직접 참여해 만든 법을 따르는 것만이 자유라고 보는 민주주의와 달리 남에게 강요받을 수 있는 위험성으로부터 보호하는 법을 따를 때 자유롭다고 여긴다.

셋째, 입법, 사법, 행정의 권력분립과 이에 근거한 견제와 균형: 비롤리는 이에 대해 구체적으로 논의를 하고 있지 않다. 아마 고전적 공화주의자들이 이에 대해 깊이 있는 논의를 제공하고 있지 않기 때문인지도 모른다. 하지만 그는 "자유주의 사상가들이 고전적 공화주의의 거장들보다 훨씬 멀리 나아갔다"고 하면서, 공화주의 사상가도 최고 통치권의 여러 기능들(입법, 행정, 사법)을 이미 분명하게 구분했다는 것은 엄연한 사실이다"고 말하고 있다.

넷째, 공공선(또는 공동선)을 추구하는 시민의 덕성: 시민의 덕성은 "공공선에 봉사하겠다는 시민들의 각오와 능력"이다. 공화주의가 '공공의 것' 또는 '공공의 일'을 의미하는 키케로(Cicero)의 res publica에서 유래했듯이, 공공선은 공화주의의 중요 목표이다. 그러나 비롤리는 공공선 개념이 개인들이나 집단들의 이익 추구와 다원주의를 억압하기 때문에 실현불가능하고 위험하다는 비판을 의식해서 공공선 개념을 조정한다. 그는 공동의 목표를 우선하여 개인적인 금욕을 강조하는 몽테스키외(Montesquieu) 식 공공선보다는 개인의 이익과 연결되어 있는 공공선 개념을 제시한다. "공공선이란 모든 시민이 함께 누리는 이익이나 모든 시민이 자신들의 개인적 이익이나 자신들이 속해 있는 소그룹의 이익을 버려가면서까지 추구해야 하는 그런 초월적인 것"이 아니라 "남에게 예속되는 것도 원치 않고, 또한 남들을 예속시켜 사적으로 지배하려는 야심도 없는 그런 시민들에게 이로운 것을 의미한다." 공공선을 추구하는 시민의 덕성은 "사생활을 즐겁고 안전하게 만드는 사생활의 주춧돌"이다. 시민의 덕성은 "불완전"한 것으로, "세속 국가 속에서 살아가는 개인들, 즉 신도 아니며, 성인도 아닌, 그렇다고 짐승도 아닌, 그런 사람들에게 어울리는 좀 더 인간적인 덕성"이다.

다섯째, 조국애 또는 애국심: 비롤리는 공화주의적 저작들이 "조국애는 시민적 덕성(비르투)과 같은 것이라고 주장해왔다"고 말한다. 하지만 그는 시민적 덕성을 논할 때보다 조국애에 대한 논의에서 공공선과 공익을 더 강하게 강조한다. "조국에 대한 사랑은 사익을 공익 위에 두기보다는 공익을 사익 위에 두려는 카리타스(대승적 사랑)에서 자라나는 것"이다. 하지만 공화주의적 애국은 종족적 민족주의나 시민적 국민주의와 다르다. 종족적 민족주의가 "종족적 단일성"에 "정치적 도덕적 가치들"을 부여하지만, 공화주의적 애국은 "시민적 연대, 시민적 일체성"에 "도덕적 정치적 가치"를 부여한다. 또 시민적 국민주의는 "역사와 무관한 중립적 정치 원리들에 충성"하지만 공화주의적 애국은 "자신의 역사와 문화를 가진 특정 공화국의 법, 정치체제, 생활방식에 충성한다."

2. 기존 공화주의 이념의 고유한 난점

비롤리가 제시하는 공화주의의 다섯 가지 요소는 매력적이다. 그러나 여기에는 고유한 난점이 있는데, 그것은 역사적 공동체로부터 독립된 자연적 개인의 존재와 권리를 무시하고 있다는 것이다. 이 요소가 빠진다면 공화주의는 자칫 공공선이나 조국애의 이름으로 개인의 자유를 통제하는 전체주의의 위험성이 있다. 그의 공화주의가 자유를 강조하는 자유주의적 공화주의임에도 불구하고 그러하다. 루소가 불평등 문제를 해결하기 위해 사회계약을 통해 자연권을 향유하는 '자연적 자유'를 포기하고 더 고상한 '도덕적 자유'를 누리는 일반의지의 공화주의를 추구했지만, 도덕적 자유는 전체주의를 정당화하는 위험한 자유이다.

비롤리는 고전적 자유주의가 내세운 개인의 "양도 불가능한 자연적 권리"가 도덕적으로 중요하다는 것을 인정하면서도 '개인의 권리를 특정 역사적 공동체의 관습이나 법안에서만 가능한 것'이라는 고전적 공화주의 논리를 고수하고 있다. 그러나 필자는 현대 공화주의가 개인의 자연권 개념을 적극적으로 받아들여야 한다고 주장하고 싶다. 자연권 개념은 어떤 역사적 공동체로부터도 독립된 개인의 가치를 부각하는 매우 중요한 개념으로, 프로테스탄트적인 기독교 가치가 세속화되면서 나타난 것이다. 서구의 프로테스탄트 종교개혁 이전에도 자유 개념은 있었지만, 특정 공동체로부터 독립된 '자연권을 갖는 개인' 개념은 없었다.

자연권을 갖는 독립된 개인은 단순히 도덕적 의미를 넘어서는 현대문명의 근본 요소이다. 이 자연권 개념으로부터 현대 민주공화국 헌법의 보편적인 기본권 개념이 생겨났다. 보편적인 기본권을 보장하지 않는 현대문명 국가를 상상할 수 있는가? 어떤 형태의 공화주의든 역사적 공동체라는 이름으로 개인의 기본권을 부정할 수 있을까? 공동체가 비상한 위기에 놓였을 때 일시적으로 기본권을 제약할 수는 있겠지만, 그것의 개념 자체를 부정할 수는 없다. 기본권은 공공선을 실현하기 위한 충분조건이라고 말할 수는 없어도 필요조건인 것은 분명하다.

사실, 고전적 공화주의가 그토록 소중히 여기는 자유와 시민적 덕성은 공동체 전체의 수호를 위한 수단적 가치였다. 이것은 시민적 덕성이 강조된 역사적 맥락을 보면 알 수 있다. 공화주의가 강조하는 시민적 덕성은 고대 그리스의 아테네에서 로마제국으로 이어지는 전통 속에서 형성된 것이다. 이 전통은 애초부터 군국주의와 정복 전쟁을 지향한 것이다. 막스 베버(Max Weber)의 『역사 사회학 연구』(전성우 옮김)에 의하면, 고대 그리스의 도시 국가들은 "군국주의"로 규정될 수 있다. 그것은 "대소 도시국가들 간에 상존하는 전쟁이라는 국제정치적 상황" 때문이었다. "지속적인 전쟁은 그리스 시민들에게는 하나의 정상적인 상황이었다." 따라서 "도시국가를 하나의 군인 조합으로 유지하고 방어하는 것이 다른 모든 이해관계를 초월하는 원칙"이었으며, "군사적 시민적 질서와 규율을 위협하는 모든 행동은 엄중히 처벌"되었다. "시민 공동체는 모든 면에서 자의적으로 개인을 다루었다." 이런 공동체적이고 호전적인 맥락에서 고대 아테네의 자유와 시민적 덕성과 조국애가 이해될 필요가 있다.

로마제국도 마찬가지 상황이라고 할 수 있다. 비롤리의 공화주의에서도 자주 인용되는 마키아벨리의 『로마사 논고』에서는 군사적 정복이 시민적 덕성을 위한 매우 중요한 요소로 강조되고 있다. 마키아벨리에 의하면, 로마제국을 위대하게 만든 여러 가지 요인들이 있는데 그 중에서도 특히 중요한 요인은 정복이었다. 『로마사 논고』를 번역한 강정인의 말을 인용해 본다.

"마키아벨리는 제국주의적 팽창이 단지 자유를 유지하기 위해서뿐만 아니라 시민들의 비르투(덕성)를 유지하기 위해서도 필수적이라고 여겼다." "자유와 팽창은 함께 가는 것으로서 제국주의에 대한 추동력은 대내적인 권력 투쟁의 확장으로부터 나오게 된다." "로마의 시민적 비르투는 제국주의에 의해 뒷받침되었고, 또 제국주의를 필요로 하였다. 곧 대외적 팽창은 정치체의 자유에 필수적이다." 공화정을 채택했던 중세 이탈리아의 도시 국가들(비롤리가 언급하는 피렌체, 베네치아, 시에나, 제노바, 루카 등)도 고대 그리스의 도시 국가들이 처해 있었던 전쟁 상황과 크게 다르지 않았을 것으로 생각된다. 마키아벨리는 도시 국가들로 분열되어 서로 싸우는 허약한 이탈리아의 현실을 목도하고 『군주론』에서 용병제도를 비판하고 절대군주의 출현과 민병대의 중요성을 강조한 것이라고 할 수 있다.

자유는 기본적으로 개인의 자유인데, 아이러니하게도 기존의 공화주의는 자유를 행사할 주체인 개인의 독립성과 권리를 중요하게 여기지 않으면서 자유만을 중요한 가치로 내세운 것이다. 바보를 의미하는 영어의 idiot는 사적인 것만을 아는 자라는 그리스어 idiotes에서 유래한 것이다. 비롤리 말대로 개인의 자연권을 강조하는 자유주의가 고전적 공화주의로부터 많은 유산을 물려받았겠지만, 반대로 고전적 공화주의가 자유주의를 받아들여 완전히 새로운 형태의 현대적 공화주의로 재탄생한 것이라고도 말할 수 있지 않을까? 이 연결 고리에서 중요한 역할을 한 것이 칼뱅(J. Calvin)의 프로테스탄트 종교개혁이었다.

종교개혁은 어떤 역사적 공동체로부터도 독립된 신 앞의 단독자로서 개인의 가치를 발견했다. 베버는 "유대인이나 헬라인이나 종이나 자유인이나 남자나 여자나 다 그리스도 예수 안에서 하나이니라"(갈라디아서, 3장 28절)는 성서의 선언이 개인으로서 근대 서구 시민을 탄생시켰다고 말했다. 기독교의 창조론과 개인의 믿음에 의한 구원은 서로 결합하여 특수한 역사적 공동체로부터 독립된 자연적 권리를 가진 개인을 만들어냈다. 존 위티 주니어(J. Witte Jr)의 책, 『권리와 자유의 역사』에 의하면, 미국의 조상인 청교도들은 "신이 세상을 창조할 때 모든 사람에게 자연적 자유를 부여"했다고 믿었으며, 청교도의 주요 인물이었던 존 윈스럽(John Winthrop)은 "자연 상태의 인간이 … 자신이 원하는 것을 행할 자유를 가지고 있었다고 선언했다." 이러한 맥락에서 미국 독립선언서는 개인의 자연권이 기독교 신과 연결되어 있음을 분명히 선언하고 있다. "우리는 다음의 진리가 자명하다고 믿는다. 모든 사람은 평등하게 창조되었으며, 이들은 창조주에게서 생명, 자유, 행복의 추구를 포함하는 양도 불가능한 권리를 부여받았다." 이처럼 현대 공화주의는 고전적 공화주의와 달리 신으로부터 부여받은 고유한 가치와 권리를 가지는 독립적이고 평등한 개인들이 만든 새로운 유형의 공화주의이다.

큰 반향을 일으킨 자신의 책 『사피엔스』에서 진화생물학적 유물론의 관점을 취하며 모든 가치 관념을 상상의 허구라고 보는 유발 하라리도 개인의 자유와 평등을 강조하는 현대문명의 가치가 기독교 전통에서 유래한 것이라고 말한다. "개인의 자유에 대한 믿음은 … 전통 기독교에서 직접 물려받은 유산이다. 창조주 하나님에 의지하지 않을 경우 사피엔스 개개인이 뭐 그리 특별한지를 설명하기가 당황스러울 정도로 어려워진다." "모든 인간이 평등하다는 사상은 모든 영혼이 하나님 앞에서 평등하다는 일신론적 확신의 개정판이다."

미국은 자연권을 가진 개인들이 세운 민주공화국이다. 그들은 타운을 중심으로 시작해 주정부를 만들고 13개의 주정부가 다시 연방정부로 상승 통합하는, 역사에 전례가 없는 대규모의 민주공화국을 만들었다. 토크빌은 "청교도주의는 하나의 교리일 뿐만 아니라 여러 가지 점에서 가장 절대적인 민주공화이론과 일치했다"고 말했다. 청교도의 뿌리가 되는 칼뱅의 종교 개혁을 통해 고대 그리스 도시국가–로마 공화정–이탈리아 도시국가 전통의 공화주의는 역사적 전통을 가진 공동체 이전에 신 앞에서 자연권을 부여받은 개인을 강조하는 성서적 정신의 세례를 받고 보다 균형 잡힌 현대 공화주의로 거듭나게 된 것이다.

따라서 우리는 역사적 공동체 위주의 기존 공화주의에서 벗어나 천부의 권리를 갖는 독립된 개인과 역사적 공동체의 균형을 추구하는 새로운 공화주의를 추구할 필요가 있다. 필자는 그것을 '동감 공화주의'라고 부르고 싶다. 그럼 동감 문명에 대해 소개하기로 한다.

3. 동감문명(sympathetic civilization)

(1) 공화주의의 핵심 가치인 '비(非)지배'의 적극적 표현으로서 동감

동감문명이란 동감 행위 원리가 일상적인 삶의 방식이 되는 문명, 다시 말하면 동감의 중력이 작용하는 문명을 말한다. 인간사회는 시시각각으로 일어나는 개별적인 행위자들의 행위를 통해 재생산되고 변형되면서 지속된다. 행위 원리는 인간이 상호작용하는 방식을 말하는데, 이는 크게 두 가지로 나눌 수 있다. 하나는 '지배 원리'이고, 다른 하나는 '동감 원리'이다. 먼저, 지배 원리는 힘으로 상대방을 자신의 뜻에 복종시키는 것을 행위의 중심으로 삼는다. 따라서 누가 지배할 위치에 있는 갑인지, 누가 복종할 위치에 있는 을인지를 분명히 규정하는 상·하 구별이 행위자들 사이에 매우 중요한 관심사가 된다. 따라서 삶의 궁극적 목표는 자신의 힘을 행사할 수 있는 자리에 올라가는 것이다. 지배를 위한 수단에는 권력, 부, 명예, 지식, 혈통, 도덕성, 체력, 나이 등이 있다.

이와 반대로 동감 원리는 모든 인간을 평등한 존재로 보고 상대방의 동감을 얻는 것을 행위의 중심으로 삼는다. 물론 어떤 인간사회든 과업 수행을 위해 상·하 구별이 존재한다. 그렇지만 동감 행위 원리가 통용되는

사회에서는 그것이 절대적인 것이 아니라 편의상 존재하는 잠정적인 것에 불과하다. 따라서 높은 위치의 사람들이 낮은 위치의 사람들에게 일방적으로 명령을 내리고 지배하려는 태도보다는 그들과의 의견교환과 설득을 통해 동감을 이끌어 내려는 태도가 일반적인 것이 된다. 어떤 문명도 지배 행위 원리로부터 완전히 자유로울 수 없지만, 상대적으로 전통문명은 지배 원리를 중시하는 반면, 현대문명에서는 비지배의 동감이 바람직한 행위 원리로 여겨진다. 동감은 공화주의의 핵심 가치인 비지배를 더욱 근본적이고 적극적으로 표현한 것이다. 동료 시민들 간의 비지배적 관계를 위해서는 힘으로 동료 시민들을 누르기보다는 그들의 동감을 구하려는 태도가 필요하다.

한국사회를 포함한 모든 인간사회는 동감문명의 길로 나아가는 것 외에 다른 방도가 없을 것이다. 다른 길로 간다면 인간과 사회의 상태는 더 악화될 뿐이다. 인류가 직면한 문제 해결을 위해 많은 지식인이 지식의 고봉준령에 올라 특별한 비법을 찾아 헤매면서도 정작 인간이면 누구나 공유하고 있는 인간 본성의 가장 평범한 동감의 정서를 도외시하고 있다. 등잔 밑이 어둡다는 말이 딱 어울린다. 동감은 생물학을 비롯해 인문-사회과학 제 분야와 신학까지 인간에 관련된 모든 학문을 통섭할 수 원리가 될 수 있을 것이다.

(2) 동감, 인간 본성의 평범한 정서

동감은 섀프츠베리(Shaftesbury), 허치슨(F. Hutcheson), 흄(D. Hume) 등 스코틀랜드 계몽주의자들 사이에서 광범위하게 사용된 개념이었는데, 이를 가장 집중적으로 탐구하고 체계화한 인물은 애덤 스미스이다. 스미스는

『국부론』(1776) 이전에 출판된 『도덕 감정론』(1759)에서 동감에 대해 자세하게 논의하고 있다. 최근 뇌 과학의 발달로 동감의 정서가 인간 본성 속에 있다는 것이 확인되면서 동감에 대한 논의가 활발하지만, 필자는 동감을 토대로 한 인간 사회의 작동 방식을 스미스보다 더 훌륭하게 설명한 글을 아직 보지 못했다.

스키델스키 부자(R. Skidelsky & E. Skidelsky)는 『얼마나 있어야 충분한가』에서 스미스가 이기심을 인간사회에서 "중력의 역할"을 하는 것으로 보았으며, 탐욕을 이기심으로 정당화했다고 주장한다. 필자는 이러한 견해에 동의하지 않는다. 스미스는 이기심이 아니라 동감을 인간사회의 중력으로 보았다. 그는 이기심을 긍정했지만 파괴적인 이기심(탐욕)과 생산적인 이기심(동감의 범위 안에서 작용하는 이기심)을 구분했다.

스미스에 의하면, 동감(sympathy)은 기본적으로 타인의 기쁨, 슬픔, 고통, 분노, 두려움 등과 같은 모든 종류의 열정에 대해 동료 인간으로서 갖는 유사한 감정이다. 우리는 모두 기뻐하고 슬퍼하고 분노하고 고통스러워하는 감정을 갖고 있다. 그런데 신비롭게도 우리 안에는 타인이 기뻐하거나 슬퍼하는 상황을 보면 덩달아 기뻐하거나 슬퍼하는 마음이 생긴다. 이것은 너무나 자명한 사실이라서 특별히 증명할 필요가 없다. 영화를 볼 때나 책을 읽을 때 주인공이 부모를 잃고 슬퍼하는 장면이 나오면 마음이 찡하면서 자신도 모르게 눈물이 흐르는 것을 우리는 경험한다. 또 약한 자가 강한 자의 부당한 핍박에 분노하는 장면이 나오면 우리 마음에도 분노가 저절로 생기는 것을 우리는 경험한다.

인간미가 풍부한 사람들이 이런 감정을 더 잘 느끼겠지만 그들만이 그런 것은 아니다. 법을 무시하는 악당이나 폭력배도 이런 감정을 가지고 있다(Smith, 1996, 27). 동감 현상은 특별한 부류의 사람에게만 한정된 것이 아니라 대부분의 사람에게서 찾아볼 수 있다. 동감은 국적, 인종, 종교, 나이, 성별과 관계없이 인간이면 누구나 공유하는 감정이다. 그것은 인간 본성의 자연스러운 발로이다. 이탈리아 파르마 대학교의 리촐라티(G. Rizzolatti) 교수는 동감을 불러일으키는 역할을 하는 세포가 인간의 뇌 속에 있다고 주장하고 그것을 '거울 신경세포(mirror neuron)'라고 불렀다.

일상생활에서는 동감보다 공감이라는 용어가 더 자주 사용된다. 이 둘의 의미는 좀 다르다. 공감보다는 동감에서 감정의 일치 정도가 더 크다. '공감대'라는 말은 있지만 '동감대'라는 말은 없는 것에서 이를 알 수 있다. 공감이 다른 사람의 상황과 감정에 '한 발'을 담근 상태에서 '감정이입'을 하는 것이라면, 동감은 '두 발'을 다 담그고 순간적으로 자신도 모르게 '같은 감정'을 느끼는 것이다. 따라서 동감이 더 직접적이고 원초적이다.

동감은 행동을 하는 당사자와 지켜보는 사람 사이에 '상상에 의한 입장의 전환'을 통해서 일어난다. 당사자가 행동할 때, 이를 지켜보는 사람은 상상에 의해 스스로를 당사자의 상황에 놓게 된다. 그러면 지켜보는 사람은 당사자가 느끼는 것과 유사한 정서를 마음에 품게 된다. 당사자 역시 스스로를 지켜보는 사람의 입장에 놓게 된다. 그러면 당사자는 냉정함을 가지고 자신을 지켜보는 사람이 자신의 상황을 어떻게 느낄 것인가를 상상해볼 수 있다.

동감 현상은 이성적으로 계산하여 이익(효용, 유용성)이 된다고 생각할 때 일어나는 것이 아니다. 예를 들어, 친절함은 누군가에게 이익을 주는 행동이다. 그러나 그러한 이익이 친절함에 동감하는 제1의 근거가 되지는 않는다. 친절함에 대한 동감은 그것이 이익을 가져다 줄 것인지를 판단할 겨를도 없이 '매우 순간적으로' 일어난다.

스미스는 그렇게 하지 않았지만 나는 동감을 '관찰 동감'과 '설명 동감'으로 나누고 싶다. 관찰 동감의 경우 단지 타인의 특정한 정서를 인지하는 것만으로 동감이 발생한다. 이것은 상상의 작용으로 말하기 어려울 정도로 매우 순간적으로 일어난다. 그것은 인지되는 순간에 거울처럼 타인의 정서를 비춰준다. 기쁨과 슬픔의 감정은 관찰 동감의 대상이 된다. 이에 반해 단순한 관찰만으로는 유사한 어떤 것도 느낄 수 없는 정서가 있다. 그 정서의 원인을 잘 알지 못해 그것을 표현하는 사람의 입장을 이해할 수 없기 때문이다. 이럴 경우 보다 의도적인 상상을 통해 그 정서를 유발시킨 상황 속으로 들어가야 비로소 우리는 그 정서에 동감할 수 있다. 분노의 감정은 설명 동감의 대상이다. 어떤 사람의 분노의 표현은 그것을 발생시킨 원인을 알기 전까지는 동감이 아니라 오히려 반감을 불러일으킨다. 그의 분노의 표현에 동감이 일어나기 위해서는 분노를 유발시킨 상황에 대한 충분한 설명이 주어져야 한다.

이러한 설명 동감을 통해 우리는 다른 사람의 주장들을 시인하거나 부인할 수 있다. 다른 사람의 주장들을 경청하면서 우리는 그의 주장들이 타당한지 타당하지 않은지를 상상적으로 판단하여 그 주장을 시인하거나 부인하거나 한다. 타당성을 시인하는 것은 동감하는 것이고, 반대로 타당성을 부인하는 것은 동감하지 않는 것이다. 모든 형태의 타당성 주장들은 설명 동감에 근거하여 수용되거나 거부된다고 할 수 있다.

(3) 동감과 도덕의 일반 원칙

일상생활에서 사람들이 서로의 행위에 대해 동감하는 것과 동감하지 않는 것을 관찰해서 일반화하면, 우리는 다음과 같은 도덕의 일반 원칙을 이끌어낼 수 있다: "우리는 모두 어떠한 점에서도 타인들보다 나을 것이 없다. 만약 우리가 맹목적으로 자신을 타인들에 우선시킨다면 우리는 분개와 혐오와 저주의 정당한 대상이 될 것이다." 긴 문장으로 표현된 이러한 도덕의 일반 원칙을 한 마디로 요약하면 '〈맹목적인 자기 우선〉 거부 원칙'이다. 인간의 감정은 맹목적으로 자신을 우선시하지 않는 행위에 대해 쉽게 동감하는 반면, 맹목적으로 자신을 우선시하는 행위에 대해서는 동감하지 않는다. 스미스는 이 일반 원칙을 나 자신에 대한 타인의 객관적인 시선이라는 사실을 강조하기 위해 '제3자', '공평무사한 관망자(impartial spectator)'라 부르기도 했다(Smith, 1996, 242). 또 그는 그것을 인간 본성의 법이라고 여겨 '자연법'이라도 했다.

'맹목적인 자기 우선 거부 원칙'은 직접적인 감정 반응들을 자료로 해서 만들어진 것이다. 하지만 우리는 도덕 판단을 직접적인 감정에 맡겨둘 수는 없다. 왜냐하면 인간의 직접적인 감정은 건강 상태나 기분 상태에 따라 매우 잘 변하므로 불확실하고 또 불안정하기 때문이다. 아울러 똑같은 크기의 대상이라고 하더라도 우리 몸의 눈에는 우리에게 가까이 있는 대상이 더 크게 보이듯이, 마음의 눈의 경우도 마찬가지이다. 어떤 일의 당사자가 될 때 우리는 이기적 열정들로 인해 우리 자신의 극히 작은 이해득실을 타인이 가지고 있는 최대의 관심사보다 훨씬 더 중요한 것처럼 여긴다. 내가 하면 로맨스이고 다른 사람이 하면 스캔들이라는 식의 이중적 태도가 한 예이다. 이러한 이기적인 열정들로 인해 우리는 자주 자기기만에 빠진다. 우리를 흥분시키는 격렬한 감정들은 사물들에 대한 우리의 시각을 흐리고, 우리의 자기애는 사물을 과장하고 왜곡시킨다. 인류의 치명적인 약점인 이 자기기만은 인간 생활에서 생기는 수많은 혼란의 원천이 된다. 따라서 우리는 인간의 직접적인 감정보다는 동감 현상들에 대한 이성의 관찰을 통해 얻은 도덕의 일반 원칙을 도덕 판단의 궁극적 기초로 삼아야 한다.

'맹목적인 자기 우선 거부 원칙'은 인간의 행동에서 옳고 그름을 결정하는 기준이다. 모든 국가의 실정법이 이 원칙에 의거해서 만들어져야 하지만 실제로는 그렇지 않은 경우가 많은데, 그 이유는 정부 권력을 차지한 특정 계층의 사람들이 자신들의 이익을 위해 국가의 실정법을 자연적 정의로부터 왜곡시키기 때문이다. 실정법이 자연적 정의로부터 벗어나면 도덕 감정은 부패한다. 도덕 감정은 편파적인 사람들이 가까이 있고, 공평무사한 중립적 사람들이 멀리 떨어져 있을 때 쉽게 부패한다. 권력은 부패하며 절대 권력은 절대적으로 부패한다. 절대 권력이 절대적으로 부패하는 이유는 무엇일까? 그것은 권력자가 자신을 무조건 지지하는 편파적인 사람들로 둘러싸여 있기 때문이다. 도덕 감정이 부패하면 사회 질서가 파괴된다. 인간 사회에는 가치와 의견 차이, 이해관계 대립 등으로 항시 갈등이 일어날 수 있다. 하지만 동감문명의 사회는 맹목적인 자기 우선 거부 원칙에 따라 갈등을 보다 잘 해결할 수 있는 동감스런 제도적 절차를 만들어 낼 수 있을 것이다.

(4) 정의의 도덕과 자혜의 도덕

맹목적인 자기 우선을 거부하는 도덕의 일반 원칙은 두 가지 도덕으로 이루어져 있다. 하나는 정의(justice)의 도덕이고, 다른 하나는 자혜(beneficence)의 도덕이다. 정의의 도덕은 다른 사람의 이기심을 나의 이기심만큼 인정하고 존중해주는 도덕이다. 누군가가 자신의 이익을 앞세워 다른 사람의 이익을 침해한다면, 사람들은 그의 부당함에 대해 분노의 감정을 가질 것이다. 이 분노의 감정이 바로 정의감이다. 정의의 도덕에 의하면, 인간의 이기심 그 자체는 악이 아니다. 다른 사람의 이기심을 무시하고 자신의 이기심을 앞세우는 과도한 이기심, 즉 탐욕이 악이다. 정의의 도덕에는 교환의 원칙과 상벌의 원칙이 포함된다.

이에 반해 자혜의 도덕은 나의 이기심을 희생해서라도 다른 사람들의 어려움을 돌보아 주는 도덕이다. 누군가가 어려움에 처해 있는 사람에게 스스로를 희생해서 도움을 제공한다면 사람들은 그의 행위에 동감할 것이다. 우리는 이런 동감의 감정을 자비심이라고 한다. 약한 자와 가난한 자를 도와주고 타인의 잘못을 용서하는 것은 이러한 자비심을 반영하는 것이다. 자혜의 도덕에는 나눔의 원칙과 용서의 원칙이 포함된다.

시장은 정의의 도덕 한계 내에서 교환 행위를 통해 이기심을 자유롭게 추구하는 인간 활동의 마당이다. 정의의 도덕 안에서 자기 이익을 열심히 추구하는 사람은 국가와 인류의 부를 증대시킴으로써 다른 사람들이 그들의 욕구를 더 많이 향유할 수 있게 해준다. 그러나 정의의 도덕을 어기면서 자신의 이익을 무분별하게 추구하는 행위에 대해 정부는 적극 개입해서 엄격한 제재를 가해야 한다. 정의의 도덕에 대한 신뢰가 없는 상태에서 '보이지 않는 손'은 '미친 손'이 되고 만다. 시장에서 정의의 도덕을 확립하는 것은 정부가 맡아야 할 중요한 임무들 중 하나이다.

정의의 도덕이 주로 시장 안에서 작용하는 도덕이라면 자혜의 도덕은 주로 시장 밖에서 작용하는 도덕이다. 시장은 인간사회의 중요한 프로그램이지만 시장만으로 인간사회의 모든 문제를 해결할 수는 없다. 따라서 정의로운 시장은 시장 밖에서의 자비로운 활동에 의해 보완되어야 한다. 시민들이 자발적으로 자비로운 활동을 통해 동료 시민들의 불행한 상태를 충분히 돌볼 수 있다면 별문제가 없겠지만 현실적으로 이것은 이루어지기 어렵다. 따라서 국가가 시장 밖에서 복지제도를 통해 사회 안전망을 확립하는 방식으로 자비로운 활동을 담당할 필요가 있다. 이를 그림으로 도식화하면 다음과 같다.

• 동감 도덕 이론의 구조

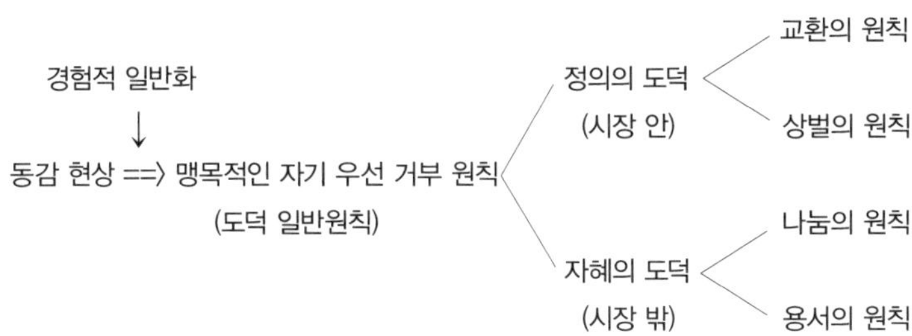

정의의 도덕과 자혜의 도덕 두 가지 다 인간사회에 필요하다. 이 둘은 긴밀하게 서로 의존하는 관계에 있을 뿐만 아니라 하나가 다른 하나를 압도하지 못하도록 서로 견제하는 관계에 있다. 스미스는 정의의 도덕을 건물의 골조에 비유하고 자혜의 도덕을 장식에 비유하면서 정의의 도덕을 좀 더 중요시하고 있다. 필자는 이것을 약간 수정해 둘의 균형을 강조하고 싶다. '저부담 저복지'가 '정의의 도덕〉자혜의 도덕'이라면, '중부담 중복지'는 '정의의 도덕≒자혜의 도덕'이고, '고부담 고복지'는 '정의의 도덕〈자혜의 도덕'이라고 할 수 있다. 필자는 장기적으로 잘 작동하는 민주공화국을 위해서는 중부담 중복지가 좋다고 생각한다.

이 두 도덕은 동감이라는 하나의 뿌리에서 나온 것으로, 인간사회가 건강하게 작동하기 위한 도덕적 환경을 구성한다. 이것은 동일한 눈이 밝은 곳에 나오면 동공이 축소되고, 어두운 곳에 들어가면 동공이 축소되는 것과 같은 방식이다. 동일한 동감이 서로의 이익을 추구하는 시장 안에서는 정의의 도덕으로 작용하고, 약자들이 존재하는 시장 밖에서는 자비의 도덕으로 작용한다. '자혜의 덕'이 없고 '정의의 덕'만 있는 사회는 과열된 경쟁으로 긴장에 빠질 것이며, '정의의 덕'이 없고 '자혜의 덕'만 있는 사회는 나태함으로 무기력해질 것이다. 동감은 인간사회를 지탱하는 인간적 토대이다.

(5) 현대문명은 인간의 동감 본성에 대한 발견의 산물

만인의 자유와 평등을 대전제로 삼는 현대문명은 인간 본성에 내재해 있는 원초적 동감의 정서를 기반으로 해서 작동한다. 지동설이 서구의 발명의 결과물이 아니라 자연적 사실에 대한 '발견'의 결과물이듯이, 현대문명의 핵심 기제인 민주주의와 시장 경제 역시 서구가 발명한 것이 아니라 '발견된' 인간 본성의 사실들을 토대로 형성된 제도이다. 민주주의와 시장경제를 떠받치고 있는 만인의 자유와 평등은 동감에서 비롯되는 '〈맹목적인 자기 우선〉 거부 원칙'에 근거를 두고 있다고 할 수 있다. 자연 상태에서 누구도 다른 사람에게 자신을 맹목적으로 우선시킬 수 있는 특권을 갖고 있다고 주장할 수 없기 때문에, 그러한 주장은 어떤 사람으로부터도 동감을 얻을 수 없기 때문에, 모든 사람은 자유롭고 평등한 것이다.

현대문명은 인간의 권리선언으로부터 시작되었고, 그것에 근거해서 만들어졌다. 인간의 권리에 대한 인식은 강자들의 부당한 학대로 인한 약자

들의 분노와 고통에 대한 동감 없이는 불가능하다. 부당한 횡포에 대한 약자의 분노와 고통에 동감해서 그것을 자신의 분노와 고통으로 느끼지 않는다면, 그리고 나의 억울함에 대한 분노와 고통에 대해 다른 사람들이 동감해주기를 바라지 않는다면 인권 개념은 결코 생겨나지 않았을 것이다.

인간의 권리가 증명할 필요가 없는 "자명한 진리"인 이유는 바로 인간의 본성 속에 새겨져 있어서 누구나 알 수 있는 원초적 동감의 정서 때문이다. 린 헌트(L. Hunt)는 『인권의 발명』에서 "자명성의 요구가 인권의 역사에서 핵심"이며, "자명성의 요구는 궁극적으로 감성에 호소할 수밖에 없으며 개인의 내면을 움직여 확신을 갖게 한다"고 주장한다. 개인의 내면을 움직이는 감정의 일치가 동감이다. "공감은 타인이 우리 자신과 다를 바 없이 느끼고 생각한다는 점, 우리의 내적인 감정들이 근본적으로 동질적임을 인정하는 것에 달려 있다." 헌트는 인권의 자명성을 몽테스키외의 말을 빌려와 "울부짖는 자연의 목소리"라고 표현했다. 스미스는 『도덕 감정론』에서 이러한 자명성을 이성에서 도출하려는 시도를 "인간의 본성에 관한 과학이 유년기에 있었을 때" 빚어지는 "성급한 결론"이라고 보았다. 현대문명이 성숙할수록 인권의 가치는 더욱 중요해지며, 그런 만큼 동감의 정서도 더욱 중요해진다. 이제 이러한 동감의 정서는 인간 세계를 넘어 고통을 느끼는 생물계 전체로 확대·적용될 필요가 있다.

4. 동감 공화주의(sympathetic republicanism)를 향하여

동감은 공동체적 일체감과 다르다. 공동체적 일체감은 개인의 자아 소멸을 통해 실현되지만 동감은 개인의 독립성과 자유를 존중하면서도 자연스러운 감정의 공명에 의해 형성되는 인간적인 일치이다. 동감문명은 자유주의와 공동체주의 사이의 대립을 지양하는 제 3의 길을 열 수 있다. 빛이 입자인 동시에 파동인 것처럼, 인간도 입자인 동시에 파동이라는 이중성을 갖는다. 자유주의는 개인의 독립성과 선택에 근거한 자기실현(이익 추구도 포함)을 강조하는데, 이는 인간의 입자적 특징에 치우치는 인간관을 토대로 하는 것이다. 이에 반해 공동체주의는 공동체 전체의 내러티브와 공동선 속에서 형성되는 개인의 자아를 강조하는데, 이는 인간의 파동적 특성에 치우치는 인간관을 토대로 하는 것이다.

인간은 특정 공동체의 내러티브 안에서 서로의 동감을 추구하며 살아가기도 하지만 다른 한편으로 독립된 입자(개인)로 공동체 밖의 사람들과도 동감할 수 있을 뿐만 아니라 공동체와 자신을 분리하여 객관화하면서 자유로운 자기실현을 추구하기도 한다. 인간의 이러한 양면성을 무시하는 자유주의와 공동체주의는 자기가 보고 싶은 것만을 보는 이데올로기에 불과하다. 동감 공화주의는 자유주의와 공동체주의의 양극단을 중화시키는 해독제 역할을 할 수 있다.

고대 그리스의 공동체주의적 공화주의 전통을 계승하는 마이클 샌델(M. Sandel)은『정의란 무엇인가』에서 인간의 의무를 자연적 의무, 자발적 의무, 연대 의무로 나누면서 자유주의자들은 자연적 의무와 자발적 의무만 인정하고 공동체적 연대 의무를 인정하지 않는다고 비판한다. 자연적 의무는 "인간이기에 가지는 의무"로서, "인간을 존중하고, 정당하게 행동하며, 잔인한 행동을 삼가는 의무"이며, 자발적 의무는 "특정한 사람과의 합의"에서 생기는 의무이며, 연대 의무는 공동체 구성원으로서 서로에게 느끼는 특수한 의무이다. 샌델은 연대 의무의 예로서 부모와 자식 사이에서 의무감을 느끼는 경우, 자기 고향 마을을 폭격하라는 명령을 받은 조종사가 고향에 대한 책임감 때문에 그 임무에서 빼달라는 경우, 조상의 죄에 대해 후손이 사죄하는 경우 등을 열거한다.

그는 연대 의무가 중요하다면서 자유주의를 비판하지만 자연적 의무를 인정한다는 점에서 근본적으로 자유주의에서 출발한다. 자연적 의무는 어떤 역사적 공동체로부터도 독립된 개인의 자연권을 존중하는 것에서 발생하는 의무이다. 독립된 개인의 자연권 개념을 상정하지 않는다면 자연적 의무는 성립될 수 없다. 따라서 공동체를 강조하는 샌델의 공화주의는 딜레마에 빠진다. 연대 의무를 강조하다보면 자연적 의무를 부정하게 되고, 자연적 의무를 강조하다보면 연대 의무를 부정하게 된다. 자연적 의무와 연대의무가 항상 양립가능하다면 문제가 없지만 이 둘이 서로 충돌할 때, 즉 연대 의무가 자연적 의무를 부정할 경우 샌델은 어떻게 할 것인가? 조상의 죄를 후손이 사죄하는 경우도 근본적으로 후손들이 자연적 의무를 존중할 때에만 가능하다. 순전히 공동체적 사고만 하는 사람들은 조상의 죄를 아예 죄로 인정하지 않을 것이기 때문이다. 일본이 조선을 식민지로 삼은 것에 대해 진정성 있는 사과를 하지 못하고 있는 것도 공동체주의에 매몰되어 자연적 의무의 중요성을 인식하지 못하기 때문이라고 할 수 있다.

물론 자유주의에도 문제가 있다. 자유주의는 자연권을 갖는 개인을 너무 강조한 나머지 대화를 통해 다른 사람과 공유하는 이야기 속에서 개인의 자아가 형성되는 측면이 있다는 사실을 부정하고 오로지 개인의 선택에 의해서만 개인의 자아가 형성되는 것처럼 과장한다. 샌델은 이러한 자아를 "무연고적 자아"라고 비판했고, 찰스 테일러(C. Taylor)는 자아의 "독백적 이상"이라고 비판했다.

자연적 의무와 연대 의무를 동시에 붙잡을 수 있는 유일한 길은 입자로서 개인의 독립성을 인정하는 동시에 파동으로서 공동체 속에서 서로의 감정에 동감하는 동감 공화주의로 갈 수 밖에 없다. 동감문명에 의하면, 인류는 가장 포괄적으로는 '맹목적인 자기 우선 거부'라는 도덕의 일반 원칙에 따라 행동하면서도 수많은 하위 차원에서는 서로 정서적으로 동감이 쉽게 일어나는 사람들끼리 다양한 공동체를 이루어서 친구, 연인, 가족, 지역, 이익집단, 민족 등의 연대를 발전시킬 수 있다. 이들 집단 간에는 각자의 연대 의무가 서로 충돌해 갈등이 발생할 수 있다. 그러나 하위 집단들의 연대가 도덕의 일반 원칙을 부정하는 쪽으로 발전해서는 공화국이 정상적으로 운영될 수 없다.

현대문명의 핵심 기제인 시장경제제도와 민주주의 정치제도는 동감의 본성을 공유하고 있는 근본적으로 독립적이고 평등한 자연적 개인들의 자발적인 동의에 근거해서만 적절하게 작동한다. 기존의 시민 개념 논의에서는 시민의 동감행위 능력에 크게 주목하지 못하였다. 다른 좋은 시민적 덕성들을 갖추고 있다고 하더라도 동감 행위 능력을 갖추지 못한다면 상호 이해와 공존이 불가능하다. 따라서 민주사회의 시민들은 무엇보다도 서로를 평등하고 독립적인 개인으로 인정하면서 서로의 동감을 구하려는 행위 지향성을 갖추어야 한다. 시민들의 동감 행위는 '맹목적인 자기 우선 거부'라는 도덕의 일반 원칙 아래서 각자의 이기심을 자유롭게 추구하도록 함으로써 사익과 더불어 공익도 증진시킬 수 있다. 자유주의, 기존의 공화주의 이론들과 비교해 동감 공화주의의 위치를 그림으로 표현하면 다음과 같다.

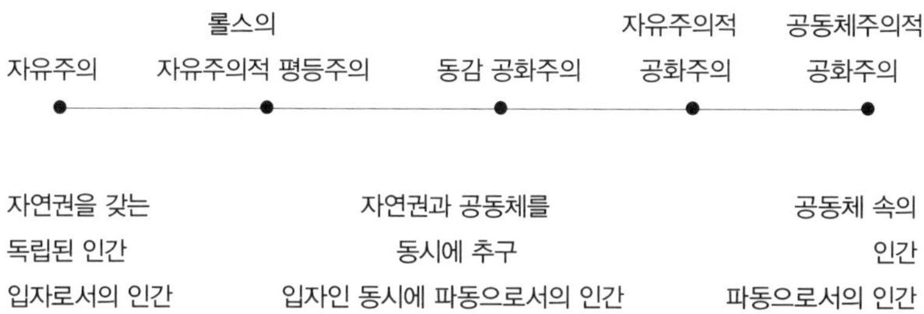

공화주의에서 강조하는 공공선이 이론적으로 어떤 형태를 취하든지 간에 현실 사회에서 그것의 실현을 위한 정책을 추진하기 위해서는 기본권을 누리는 개개 시민의 자발적인 동감과 호응을 얻는 방식으로만 가능하다. 따라서 공화주의는 현실적으로 시민의 동감에 근거하는 동감 공화주의가 될 수밖에 없다.

5. 유한 세계관과 동감 공화주의

1) 공화주의 논의에서 세계관의 중요성

입자와 파동이라는 인간의 이중성을 모두 고려하는 동감 공화주의는 유한 세계관을 토대로 해서 작 작동할 수 있다. 세계관은 세계의 근본과 삶의 궁극적 문제들에 대한 인지적 신념들로서, 자연 현상과 인간 삶의 모든 측면을 포함하는 삼라만상을 하나의 총체적인 상 안으로 통합하는 역할을 한다. 세계관은 세상을 의미 있는 실재로 해석할 수 있도록 해주며, 인간사의 제반 문제를 특정한 방식으로 해결하도록 지침을 제공한다.

세계관이 세계의 근본과 삶의 궁극적 문제들에 대한 입장인 만큼 그것은 반드시 '무한'에 대한 성찰로 나아간다. 인간은 한편으로는 다른 동물들과 같이 유한한 존재이지만, 다른 한편으로는 그들과 달리 무한을 사모하는 존재이다. 따라서 근본과 궁극을 찾으려는 인간의 노력은 결국 무한적인 것에 이르러서야 안식할 수 있다. 유한한 어떤 것도 근본적이고 궁극적인 원인이 될 수 없다. 고등 문명들에서 무한 개념이 세계 설명의 출발점이 되는 것도 이 때문이다. 물론 무한 개념에 도달하지 못한 문명들도 있다. 자연물 숭배, 정령 숭배, 토템 숭배, 다신론 문명들이 그러하다. 흄에 의하면, 다신론은 서로 다른 신들의 완전성(전쟁의 신, 미의 신, 의술의 신 등)을 인정하지만 아직 무한 개념에는 도달하지 못한 상태이다. 무한 개념은 궁극적 실재(Ultimate Reality)라 불린다. 기독교의 신(God), 불교의 공(空), 유교의 천(天)이나 태극(太極), 도교의 도(道), 힌두교의 브라만 등은 모두 무한을 의미하는 궁극적 실재라고 할 수 있다. 모든 종교 경전은 이에 대한 언급으로 시작된다.

예를 들면, 기독교 경전인 『성경』은 "태초에 하나님이 천지를 창조하시니라"는 말로 시작되고 있다. 모든 유한한 존재들이 무에서 무한한 신의 창조 행위로 비롯되었다는 것을 선언하는 것이다. 이 신의 관점에서 인간을 포함함 모든 만물이 정의되고 해석된다. 불교의 주요 경전인 『반야심경』은 "관자재보살이 色(유한한 물질세계)이 곧 空이라는 사실을 깨달아 모든 괴로움으로부터 벗어났다"라는 구절로 시작된다. 유한한 물질적 존재들과 '텅 빈 무한'인 공은 서로 연속된 동전의 양면이라는 선언이다. 무한성을 의미하는 공을 떠나서 불교 사상은 존재할 수 없다. 유교 경전 중 하나인『중용』의 첫 구절은 "하늘(天)이 명한 것이 성(性)이고, 성을 따름이 도(道)이며, 도를 닦음이 교(敎)"라고 선언하고 있다. 신유학에서 천(天)은 태극으로 바뀐다. 무한한 하늘의 선한 이치가 유한한 인간의 본성 속에 새겨져 있고, 이 선한 본성을 잘 드러내는 것이 도이며, 가르침을 통해 도를 닦아야 한다는 것이다. 유교는 만물을 천과 태극의 관점에서 이해한다. 종교 사상 외에도 철학 사상에서 플라톤(Plato)의 선의 이데아, 아리스토텔레스(Aristoteles)의 순수 형상, 플로티노스(Plotinos)의 일자(一者), 스피노자(Spinoza)의 능산 자연, 헤겔(Hegel)의 절대정신, 하이데거(Heidegger)의 존재 등도 일종의 무한을 의미하는 궁극적 실재라고 할 수 있다. 문명은 무한한 궁극적 실재를 공유하는 문화 집단들로 이루어져 있다.

세계관은 문명의 일반 전제이다. 사회학자 알렉산더(J. Alexander)에 의하면, 일반적 전제는 '일반성(generality)'과 '결정성(decisiveness)'을 가진다. 일반성이란 "가장 범위가 넓은 일반화된 원리"를 의미하며, 결정성이란 "덜 일반적인 모든 수준의 논의에 명시적으로 또는 암묵적으로 유의미한 영향력"을 가진다는 것을 의미한다. 따라서 특정 문명의 세계관적 특성은 당연히 그 문명의 행위 원리에도 영향을 끼칠 것이다. 당연히 공화주의 논의도 세계관과 밀접한 관련을 갖고 있다.

각 문명의 세계관적 특성을 다양하게 분류할 수 있겠지만, 이 글은 유한 세계관과 무한 세계관의 분류를 제시한다. 유한 세계관(the finite world–view)은 '유한은 무한을 붙잡을 수 없다(the finite is not capable of the infinite)'고 보는 유형이고, 무한 세계관(the infinite world–view)은 '유한은 무한을 붙잡을 수 있다(the finite is capable of the infinite)'고 보는 유형이다. 즉, 유한한 존재인 인간이 자신의 능력과 의지로 무한한 궁극 실재에 도달하거나 성취할 수 있느냐 없느냐 하는 것이다. 무한과 유한의 관계 설정 방식은 공화주의 사상을 포함해 인류의 모든 문명과 철학과 사상을 체계적으로 분류할 수 있는 출발점이라고 필자는 생각한다.

2) 유한 세계관

유한 세계관은 인간이 무한을 사모하는 존재이지만 그럼에도 유한한 존재라는 사실을 강조한다. 무한을 사모하는 성질 때문에 인간은 자신의 유한성을 보다 철저하게 인식할 수 있다. 무한을 사모하는 성질이 없는 다른 동물들은 자신의 유한성을 인식하지 못하고 단지 유한성에 고착된 생활을 할 뿐이다.

이처럼 인간의 유한성을 강조하는 유한 세계관에서는 무한의 절대 진리를 추구하기보다는 유한한 경험 세계를 인식하고, 분석하는 객관적인 활동을 중요시한다. 따라서 경험 세계에 대한 공정한 관찰이 지식을 획득하는 이상적인 방법으로 간주된다. 하지만 그것은 인간의 이성, 의지, 감정을 유한하고 불완전한 것으로 여기기 때문에 공정한 관찰의 이상이 실현되기 매우 어렵다는 사실 또한 인정한다. 중요한 것은 공정한 관찰이 실제로 항상 가능하다는 것보다는 공정한 관찰을 소중하게 여기는 태도 자체이다. 경험론의 창시자 베이컨은 객관적 지식의 획득을 방해하는 네 가지 우상에 대해 말했는데, 이것은 공정한 관찰을 지식의 출발점으로 삼는 대표적인 예이다. 스미스의 공평무사한 관망자도 같은 예에 속한다.

유한 세계관에서는 서로의 신체가 분리되어 있기 때문에 개인의 독립성이 하나의 사실로 간주되며, 모든 인간은 이러한 불완전한 자아로서 서로 평등하다. 물론 개인들 간에 재능과 능력의 차이가 있지만 이 차이는 무한과 유한 사이의 근본적인 질의 차이가 아니라 동일한 유한 내의 양의 차이이다. 모든 인간은 자유롭고 평등하게 태어났다는 것은 바로 이러한 의미이다. 평등한 독립적 개인은 입자로서의 인간을 나타낸다.

인간관계는 인간의 불완전성에 대한 깊은 성찰을 바탕으로 권력을 분점(分點)하여 서로 의존하고 견제하는 방식으로 이루어지며, 사랑과 설득, 친절, 관용 등이 가치 있는 덕목이 된다. 때문에 유한 세계관에서는 평등한 인간들 간의 자유로운 자기표현을 통한 자연스런 동감 행위에 의해 사회 질서가 유지된다. 동감적인 연결은 파동으로서의 인간을 나타낸다.

동감 행위는 정의의 도덕과 자혜의 도덕이라는 보편적인 일반 규칙 하에서 서로의 차이와 다양성을 존중해 준다. 여기서는 경기에 참여하는 모든 사람에게 동일하게 적용되는 보편적인 경기 규칙을 만들고, 선수와 심판을 제도적으로 분리하여 심판으로 하여금 경기 규칙을 운영하도록 한다. 이렇게 된다면 선수들은 경기 규칙을 지키는 한에서 서로 경쟁하면서 개인 기량을 마음껏 발휘할 수 있다. 법치에 근거한 국가와 시민사회의 분화라는 현대문명의 핵심 기제는 규칙을 중심으로 심판과 선수를 분리하려는 노력의 결과라고 할 수 있다. 현대문명은 심판과 규칙과 선수의 분화에서 더 나아가 심판 역할을 담당한 사람들을 다시 입법부·사법부·행정부로 나누어 서로 견제하면서 균형을 유지하도록 하는 제도를 만들었다.

3) 무한 세계관

유한 세계관과 반대로 무한 세계관은 무한에 대한 사모함을 과장해 인간이 무한을 실현할 수 있는 능력이 있는 것처럼 여긴다. 여기서는 유한 세계와 무한 세계를 연결하는 길을 발견할 수 있다고 보면서 무한의 절대 진리를 획득하는데 더 관심이 많으며, 궁극적으로는 무한과의 합일을 지향한다. 무한 세계관은 독일 철학자 헤겔(F. Hegel)이 말한 '유한의 비애'를 벗어나려고 한다. 무한은 분리 가능한 부분들로 이루어진 유한한 존재들과 반대로 '분리 불가능한 전체'로 상정된다. 따라서 무한 세계관에서는 항상 전체가 강조된다.

무한 세계관에서 인간의 자아는 유한 세계를 담당하는 '현상 자아'와 무한 세계를 담당하는 '본질 자아'로 나누어지고, 본질 자아가 참된 자아로 간주된다. 모든 본질주의는 무한 세계관의 산물이다. 본질 자아는 경험 세계를 인식·분석하는 객관적인 활동에는 관심이 없고 경험 세계 배후의 무한한 진리를 파악하려는 주관적인 활동에 열중한다. 이것은 객관이 경시되고 주관이 무한화(절대화)된다는 것을 의미한다. 주관의 절대화는 지성(이성)을 절대시하는 주지주의(이성주의 또는 합리주의), 의지를 절대시하는 주의주의, 감정을 절대시하는 주정주의 등의 다양한 형태로 나타난다. 여기서는 경험 세계에 대한 공정한 관찰이라는 관념 자체가 존재하지 않는다. 모든 인식활동은 그 자체로 주관적 관념 활동이기 때문에 그렇다. 따라서 사실을 경시하거나 왜곡하거나 과잉 일반화하는 독단주의와 이분법적 흑백논리가 만연한다. 유한 세계관이 사실 세계를 중심에 두는 '지동설적 세계관'이라고 한다면 무한 세계관은 인간의 관념을 중심에 두는 '천동설적 세계관'이라고 할 수 있다.

이러한 자아의 등급화는 인간 사이의 존재론적 차이와 불평등을 당연시하는 신분 질서와 엘리트주의로 나아간다. 한편에는 무한의 절대 진리를 열망하고 실현하려는 신성한 초인간(본질형 인간)이 있는 반면, 다른 한편에는 유한 세계에 집착하는 속된 보통의 인간(현상형 인간)이 있다. 따라서 인간관계에서는 무한의 경지에 도달한 인간에 대한 존경, 권위, 명령 등이 가치 있는 덕목이 되며, 이러한 덕목을 중심으로 권력 독점과 지배 행위 원리가 득세한다.

무한 세계관에서 동감 행위는 열등한 삶의 방식이다. 이상적인 삶이란 무한의 경지에 도달한 상태에서 자족성을 향유하는 것이다. 감정은 자족성에 심각한 흠집을 낸다. 감정에 휩싸이는 것은 인간의 유한성과 불완전성과 취약성을 드러내는 수치스러운 경험이다. 감정은 깨달음이나 수양과 훈련을 통해서 완전히 통제하거나 소멸시켜야 하는 대상이다. 감정의 통제나 소멸에 성공하느냐의 여부가 무한의 경지에 도달한 위대한 인간과 유한성에 매여 있는 보통 인간 사이의 결정적인 차이점들 중 하나이다. 따라서 문화적으로 훈련된 사이코패스들이 도덕적으로 존경의 대상이 되는 경우가 많다.

4) 상반된 방향의 무한 세계관–이성주의·구조주의 대 반이성주의·실존주의

무한 세계관에는 무한을 성취하는 두 가지 상반된 방향이 있다. 하나는 무한의 절대 진리를 이성으로 '인식'하는 것이 가능하다고 보는 이성주의·구조주의 유형의 무한 세계관이다. 이성에 의해 인식된 무한은 영원불변의 보편적인 형식이나 구조로 나타난다. 그래서 이성주의는 구조주의(형식주의)를 수반하고, 구조주의는 이성주의를 수반한다. 그리고 이러한 인식은 특별한 능력을 가진 소수에 의해서만 가능한 것으로 여겨진다. 여기서는 경험 세계를 그 배후의 구조적 통일성으로 환원하려고 하는 압력이 항상 존재한다. 이러한 압력은 독단주의와 형식주의를 초래한다. 따라서 동감의 정서를 억압하게 된다. 통일성의 추구는 선수들 중 가장 지혜롭거나 선하거나 힘 센 선수가 게임의 규칙을 만들고 심판의 역할까지도 겸하는 방식으로 게임을 운영하는 것(전체주의, 독재정치, 전제정치, 권위주의 등)을 이상으로 추구하게 된다. 모든 선수는 심판을 겸하는 선수의 생각과 의지를 따라야 한다.

다른 하나는 무한의 절대 진리가 이성에 의해 인식될 수 있는 것이 아니고, 의지나 감정의 고양과 실존적 체험을 통해 무한에 참여하거나 그것과 합일할 수 있다고 여기는 반이성주의·실존주의 유형의 무한 세계관이다. 이 세계관에서는 무한에 대한 인식은 소수의 엘리트에게만 가능하다는 이성주의·구조주의에 반발해, 대체로 무한에 대한 참여가 모든 사람에게 가능하다고 주장한다. 여기서 무한은 무제약성을 의미한다. 무한이 영원불변한 구조를 갖는다는 것은 그것이 제약되어 있으며, 유한하다는 표시이다. 그러한 무한은 참된 무한이 아니다. 형식에 얽매이지 않고 계속 변화하는 무한이 참된 무한이다. 무한의 실현은 형식 해체와 동일시되며, 이런 무한을 포착하는 본질 자아는 형식 해체적 자아이다. 따라서 이성에 의한 분별지(分別智)가 독단으로 경멸되고, 그것을 해체하는 무분별지(無分別智)가 참된 지식으로 여겨진다. 이성주의·구조주의가 동감의 정서를 억압한다면, 반이성주의·실존주의는 그것을 해체한다. 여기서도 종종 이성 개념이 사용되지만, 이때의 이성은 형식을 주조하는 이성이 아니라 반대로 형식을 부정하는 의미로 사용된다. 독일철학자들이 사용하는 이성 개념은 거의 대부분이 이런 용법이다.

반이성주의·실존주의 무한 세계관에서는 경험 세계를 그 배후의 해체적 다양성으로 환원시키려고 하는 압력이 존재한다. 이러한 압력은 과격한 인식론적·도덕적 상대주의를 초래한다. 또 다양성의 추구는 통일성의 원리에서 강요되는 엉터리 게임에 염증을 느끼고 일체의 경기 규칙을 부정하면서 모든 선수가 심판이 되어 제멋대로 게임을 하는 정치적 무정부주의를 이상으로 추구한다.

5) 반이성주의·실존주의의 변신

흥미롭게도 통일성에 저항하고 다양성을 추구하는 반이성주의·실존주의도 결국은 통일성의 추구로 변화된다.[2] 그 이유는, 첫째로 다양성을 현실 속에서 곧이곧대로 추구하면 집단이 해체되기 때문이고, 둘째로 반이성주의·실존주의에서도 무한한 일(一)의 상태를 실현하는 것이 이상이기 때문에 통일성을 지지하게 된다. 무한을 성취할 가능성이 모든 사람에게 개방되어 있다는 점에서 다양성 추구는 평등주의처럼 보인다. 하지만 실제로 그러한 가능성을 성취할 수 있는 조건과 자질을 갖고 있는 사람은 소수일 것이다. 그 결과 그 소수는 깨달은 자라는 이름으로 어리석은 대중을 통치하고 가르칠 수 있는 권위를 획득하는 엘리트주의로 귀결된다. 이것은 무정부주의자가 정권을 잡으면 통일성을 강요하는 독재자가 되는 것과 같은 이치이다.

이러한 변신을 위해 개인의 참된 다양성(개인의 개성)은 공동체적 통일

---

2 이성주의·구조주의가 지배하는 집단에서 반이성주의·실존주의는 반발심리의 작용으로 개체성과 다양성을 극단적으로 강조하는 해체 쪽으로 흐르지만(프랑스의 경우), 반이성주의·실존주의가 지배 집단이 되는 곳에서는 방향을 바꾸어 통일성이 적극적으로 옹호된다(독일의 경우).

성(집단적 개성) 속에서만 가능하다는 신비적 논리가 개발된다. 일(무한)=다(유한), 다=일의 사고가 이러하다. 이러한 사고에서는 자유는 공동체를 통해 실현된다는 '자유=공동체'라는 등식이 성립된다. 개인의 참된 실존은 전체를 지향하는 집단적 실존이다. 완전한 해체는 완전한 용해와 같다. 극과 극은 통한다는 말이 있듯이, 개체성에 대한 극단적 강조는 오히려 개인을 부정하고 해체해 집단의 통일성으로 나아간다. 이성주의·구조주의 세계관이 불변하는 구조적 위계서열로 이루어진 전체를 통해 통일성을 실현하려고 한다면, 반이성주의·실존주의 세계관은 그러한 구조적 위계서열을 개인의 소외로 보고 일체의 구조를 해체하고 미분화된 전체와 일체감을 추구하는 방향으로 통일성을 실현하려고 한다.

세계관에 대한 논의를 종합하면, 유한 세계관, 이성주의·구조주의 무한 세계관, 반이성주의·실존주의 무한 세계관은 인간 사고의 기본 유형을 나타낸다. 이 세 가지 세계관을 바탕으로 인간의 사고의 분류표가 만들어질 수 있다. 아래에 이 분류표가 제시되어 있다. 린네(C. Linn'e)가 지구상의 복잡하고 다양한 생명체들에 대한 분류법을 제시한 것처럼, 필자는 인류의 복잡하고 다양한 사고들에 대한 분류표를 만들 수 있다고 생각한다. 물론 이 사고 분류표는 연구의 결론이라기보다는 앞으로 동료 연구자들에 의해 계속 검증되거나 개선되거나 혹은 반증되거나 할 일종의 가설이라고 할 수 있다.

세계관에 따른 사고 분류표

원시종교와 신화 – 사고가 아직 무한 개념을 상정하는 것에 이르지 못함: 자연 숭배, 정령 숭배, 토템 숭배, 다신론 등의 형태를 취함

- 고등종교와 정신사상
  - 유한 세계관 (현대문명)
    - 부드러운 유형(영성 인정) – 성경, 칼뱅의 종교 개혁 사상(부드러운 유한 세계관의 맹아)
    - 완고한 유형(영성 부정) – 이신론, 경험론, 진화론[3]
  - 무한 세계관 (전통문명들)
    - 단절 유형[4]
      - 이성주의 · 구조주의
        - 현세 지향 – 다양한 유형의 정통주의(칼뱅 정통주의, 이슬람 정통주의, 유대 정통주의 등)
        - 내세 지향 – 가톨릭
      - 반이성주의 · 실존주의
        - 현세 지향 – 루터주의
        - 내세 지향 – 중세 기독교 신비주의, 이슬람 신비주의(수피즘), 유대 신비주의[5]
    - 연속 유형
      - 이성주의 · 구조주의
        - 현세 지향 – 플라톤, 아리스토텔레스, 원시 유교, 성리학의 이기 이원론, 데카르트와 프랑스 계몽주의, 구조주의
        - 내세 지향 – 힌두교[6]
      - 반이성주의 · 실존주의
        - 현세 지향 – 일본 신도, 독일 관념론과 낭만주의, 마르크스 사상[7], 베버의 사상, 성리학의 기일원론, 실존주의, 도교, 포스트모더니즘
        - 내세 지향 – 불교

우리는 이러한 사고의 기본 유형을 준거 점으로 삼아 지구상의 문명들을 작동시키는 문법을 알아낼 수 있다. 전통문명들에서는 대체로 무한 세계관에 근거를 두고 이성주의·구조주의와 반이성주의·실존주의가 서로 반발하여 출현하는 경우가 많다. 예를 들면, 힌두 문명의 카스트 형식주의에 반발하여 불교 문명의 형식 해체가 나타났고, 유교 문명의 관료 형식주의에 반발하여 도교 문명의 형식 해체가 나타났으며, 중세 가톨릭 문명의 독단주의에 반발하여 기독교 신비주의의 형식 해체가 나타났다. 고대 그리스에서도 파르메니데스(Parmenides)의 존재이론과 헤라클레이토스(Heraclitos)의 유전(流轉)이론, 보편자를 강조한 플라톤주의와 상대주의를 추구한 소피스트가 대립하여 출현하였다. 이러한 논지에서 볼 때, 데카르트(R. Descartes)의 이성주의(데카르트는 플라톤주의자로 알려져 있다)와 이를 비판하

---

3 부드러운 유한 세계관과 완고한 유한 세계관의 구별은 영성의 인정 여부에 달려 있다. 영성은 무한한 궁극적 실재와의 관계 속에서 삶의 의미를 추구하는 것으로 정의된다. 완고한 유형은 궁극적 실재의 존재 자체를 부정함으로써 영성을 위한 근거를 제거해 물질주의 안에 갇히게 된다.

4 단절 유형은 유일신을 믿는 곳에서 나타난다. 유일신 사상은 무한(신)과 유한(인간)의 단절을 강조하지만 이 사이를 연결하는 다리를 놓으려는 시도를 통해 무한에 이르려고 하는 모습을 보일 수 있다. 이에 반해 연속 유형은 처음부터 유한과 무한의 연속성을 전제한다.

5 신비주의는 개개인이 신과 직접 신비적 합일하는 것을 추구한다는 점에서 반이성주의·실존주의 무한 세계관으로 분류할 수 있다.

6 힌두교는 해탈을 위해 아트만과 브라만의 신비적 합일을 추구한다는 점에서 반이성주의·실존주의라 할 수 있지만, 카스트를 교조적인 진리 규범으로 보기 때문에 이성주의·구조주의로 분류하였다.

7 마르크스는 계급구조의 관점에서 사회를 분석하고 있기 때문에 이성주의·구조주의로 분류될 수 있을 것처럼 보이지만, 궁극적으로 계급구조를 해체하고 무한한 실존적 자유를 향유하는 공산주의를 지향하고 있기 때문에 반이성주의·실존주의로 분류되는 것이 마땅하다.

고 해체하려는 포스터모더니즘 사이의 대립은 새로운 것이 아니라 현대문명 상황에서 새로운 방식으로 형태 변용을 일으킨 것에 불과하다. 주제는 같고 소재만 바뀌었을 뿐이라는 의미다. 정리하면 다음과 같다.

전통문명들의 문법		현대문명의 문법
이성주의·구조주의 무한 세계관	반이성주의·실존주의 무한 세계관	유한 세계관
형식주의 (전체의 통일성)	형식해체 (개체의 다양성)	균형
지배 행위 원리	지배 행위 원리	동감 행위 원리
유교, 힌두, 가톨릭, 파르메니데스의 존재이론, 플라톤주의, 데카르트주의 등	도교, 불교, 기독교 신비주의, 헤라클레이토스의 유전이론, 소피스트, 포스트모더니즘 등	성경적 기독교 문명 근대 경험론

6. 21세기 공화주의는 유한 세계관의 동감 공화주의!

동감 공화주의는 유한 세계관을 토대로 작동한다. 만약 공화주의가 무한 세계관에 토대를 두게 되면 공공선을 잘 알고 있는 것처럼 행세하는 지혜로운 자들이 그것을 독점해서 사회 전체를 통제하려는 유혹에 쉽게 넣어가게 된다. 따라서 무한 세계관에서 공화주의는 독재나 전체주의로 타락한다. 유한 세계관에 근거하지 않으면, 공화주의는 오래 존속하지 못하거나 존속하더라도 궤도를 이탈해 타락한 공화주의가 될 가능성이 크다.

유한 세계관에 토대를 두지 않았기 때문에 고대 로마의 공화정은 귀족주의적인 과두정에 치우쳐 불안정하게 유지되다가 황제정으로 변질하고 말았다. 또 비롤리가 공화주의 역사의 중요 사례로 언급하고 있는 이탈리아의 도시 국가들도 유한 세계관에 토대를 두지 않았기 때문에 공화주의 이상 실현에 크게 미치지 못하고 자의적으로 운영되거나, 독재적으로 운영되고 말았다.

고전적 공화주의는 칼뱅의 종교개혁을 통해 성서적 세계관의 세례를 받고 보다 건강한 현대 공화주의로 거듭나게 된다. 성서는 무한한 창조주와 인간을 포함한 유한한 피조물 사이의 질적 차이를 확실히 하는 유한 세계관을 갖고 있다. 미국 건국의 조상들인 청교도들은 성서의 유한 세계관으로 돌아간 칼뱅의 신학 사상을 수용하였다. 칼뱅의 사상을 수용해 국교로 삼은 스코틀랜드에서 동감을 사회의 구성원리로 삼은 일군의 계몽주의자들이 출현했다는 것은 시사하는 바가 크다.

고대 그리스-로마의 세계관에서 인간은 이성으로 (신적) 완전성을 성취할 수 있는 대단한 존재이다. 반대로 성서의 세계관에서 인간은 한계와 불완전성을 안고 있는 소박한 존재이다. 그리스-로마 전통에서는 죄의 개념이 전혀 생소하지만, 성서 전통에서 죄는 매우 결정적인 개념이다. 성서에서 죄는 다른 사람을 정죄하기 위한 것이 아니라 모든 인간의 불완전성과 연약함을 직시하는 현실적인 개념이다. 따라서 그리스-로마 전통에서 말하는 자유는 강하고 잘난 사람들(귀족과 자유인들)이 무한과 완전을 향해 위로 올라가는 자유이지만, 성서에서 말하는 자유는 자신의 연약함과 불완전함을 인식한 못난 사람들이 동류의 시민들을 포용하는 내려가는 자유이다. 내려가는 자유 개념에서 동감은 매우 잘 작용한다. 이런 자유 개념은 동물과 식물을 포함해 생명 세계 전체로 확대될 수 있다. 아무리 공화주의를 외쳐도 그리스-로마 전통에서는 이성을 가지지 못하고 있다고 생각되는 부류의 인간은 공화의 대상에서 제외된다. 그리스에서도 로마에서도 여자, 아이, 노예들은 공화의 대상에서 제외했다.

동감 공화주의는 자유롭고 평등한 개인들이 자신의 유한성과 불완전함을 깨닫고 서로 동감을 통해 함께 공공선을 만들어 간다. "즐거워하는 자들과 함께 즐거워하고 우는 자들과 함께 울라. 서로 마음을 같이하며 높은 데 마음을 두지 말고 도리어 낮은 데 처하며 스스로 지혜 있는 체하지 말라"(로마서, 12장 15-16절). 공화주의에서 공공선이 중요하지만, 그것을 자신이 안다고 감히 말할 수 있는 지혜자나 우월자는 존재할 수 없다. 그것은 동감에 근거한 맹목적인 자기 우선 거부 원칙의 한계 내에서 서로 대화하고 소통하고 교감하면서 만들어 가야 한다. 나는 21세기 공화주의가 동감 공화주의의 길로 가야 한다고 생각한다. 현대문명 국가라면 이 길은 피할 수 없다.

3장 무정(無情)과 다정(多情) 사이: 홀로서기와 공화주의적 시민[1]

김동규(케임브리지대학교 박사후보)

어린아이가 부모의 슬하를 떠나 독립된 어른이 되면 태어나서 처음으로 '어떻게 먹고살아야 하나'라는 생존의 문제에 맞닥뜨리게 된다. 마찬가지로 국가 역시 제국의 울타리에서 벗어나 하나의 독립된 국가가 되면 그제서야 '어떻게 외적의 침략을 막고 평화를 유지해야 하나'라는 안보의 문제에 맞닥뜨리게 된다. 이렇게 부모의 따뜻한 품, 제국의 군사외교적 울타리를 벗어나게 되면 개인이나 국가나 하나의 독립된 개체로서 어떻게든 수많은 낯선 자들 사이에서 살아 나가야 하는데, 매우 부담스럽게 느껴질

1 『동향과 전망』 제107호(2019년 가을·겨울호)에 기고한 글입니다.

수 있다. 그래서 개인도 국가도 이러한 '골칫거리'가 버거워 예전처럼 부모의 슬하로, 제국의 울타리 안으로 되돌아가려 하는 경우가 있다. 어른이 되기를 거부하는 것이다.

정치에 있어서도 어른이 되기를 싫어하는 사람은 골치 아픈 어른의 세계를 떠나 따뜻한 부모의 품으로 돌아가 자유는 제한되더라도 먹고사는 문제없이 마음 편하게 생활하고 싶어 한다. 그래서 이들은 '스스로가 스스로를 통치하는' 골치 아픈 공화정보다는 누군가가 대신 통치해 주는 속편한 전제정(despotism)을 선호한다. 영어에서 전제군주를 데스폿(despot)이라고 하는데, despot은 고대 그리스어 des(집)와 potēs(남편)에서 유래한 단어다. 즉 despot의 원래 의미는 대단한 의미가 있는 것이 아니라 단지 '한 집안의 주인, 남편, 아버지'일 뿐이다. 그런데 집 안에서만 머물러야 할 '아버지' 개념이 국가통치와 연결되면서 민중이 국가 최고지도자를 온 나라의 '아버지' '국부' '어버이'라고 부르면서 '자애로운 보호'를 기대한다면 바로 이런 정치는 '아버지의 국가통치', 즉 '데스포티즘(despotism)'이 되는 것이다. 그런데 어른이 되기를 거부하는 태도는 이런 전제주의 문제 외에도 다른 여러 문제를 일으킨다. 전제주의의 문제는 다른 기회에 좀 더 살펴보기로 하고, 여기에서는 어른이 되기를 거부하는 이런 태도가 건강한 공화국으로 성장해야 할 우리들에게 어떤 문제를 일으키는지 간단히 살펴본다.

• 공화국(res publica, republic)은 독립된 성인들의 공적 공동체이다.

우선, '독립된 성인'이 아닌 어린아이들은 스스로 노력해서 생활하기보다는 부모가 주는 따뜻한 밥과 용돈에 의존해 생활한다. 하지만 이렇게

'의존된', '종속된' 삶을 살다 보니 부모의 명령에 따라야 하므로 자유에 제약을 받는다.

사람들이 '독립(獨立, 홀로서기)'을 좋아하는 본성을 갖고 있다고 생각하는 사람들이 많지만, 사실 꼭 그렇지는 않다. 어느 정도 자유에 제약이 있더라도 생활에 대한 걱정 없이 남이 차려 주는 따뜻한 밥을 먹고 살고 싶은 사람들이 생각보다는 많다. 그래서 나이 먹도록 부모 슬하에 붙어사는 청년들이 있고, 또한 국가 차원에서도 과거 조선이 그러했듯 힘세고 자애로운 제국(帝國)의 보호 아래 국방의 번거로움을 잊고 평화롭게 살기를 선택하는 나라들도 있다. 임진왜란이 발발하자 조선의 국왕이었던 선조는 스스로 싸우기보다는 명(明)제국에 청병(請兵)하기에 바빴고, 여차하면 명으로 탈출하려고 압록강변 의주로 피난가기 바빴다. 요즘 한국 사회에서도 큰 문제가 발생하면 '미국이 도와주겠지'라고 생각하는 사람들이 적지 않은데, 어린아이 같은 의존적 습성이 여전히 남아 있는 것이다.

• 우리사회에는 아직 독립된 성인이 되기를 거부하는 사람들이 많다.

가족의 따뜻한 울타리 안에서만 살아 온 어린아이들은 다음과 같은 특성을 갖는다. 첫째, 바깥세상도 우리 가족처럼 자신에게 다정(多情)해야 한다고 믿는다. 그리고 세상은 자신을 중심으로 움직인다고 믿는다. 둘째, 바깥세상이 무정(無情)함을 보이면 금방 증오하고 도망치려 한다. 셋째, 적으나마 매달 용돈을 받으며 돈 걱정 없이 살고 싶어 한다. 어른이 된다는 것은 '돈 걱정,' '생활 걱정'을 하게 되는 골치 아픈 일이기 때문이다. 참고로, 한 나라가 독립국가가 된다는 것은 '전쟁 걱정' '안보 걱정'으로 골치 아프게 된다는 것을 의미한다.

우리가 '공동체(共同體, community)'라고 부르는 것에는 사적(私的) 공동체와 공적(公的) 공동체가 있는데, 가족이 대표적인 사적 공동체이며, 공화국은 공적 공동체다. 우리가 일반적으로 말하는 '공적 공동체'는 공화국의 다른 이름이다. 사적 공동체(가족 등)와 달리 이런 공적 공동체(공화국)는 그다지 다정하지 않으며 다정할 수도 없다. 그렇다고 첫인상과 달리 완전히 '무정'하기만 한 곳도 아니다. 즉 공화국은 다정하지도 무정하지도 않은 곳이다. 예컨대 순박한 시골 아이가 서울 같은 대도시에 처음 올라왔을 때 그 무정함에 마음을 상하기도 하겠지만, 시장 바닥에서 심부름을 하면서 용돈도 벌고 어느 상인 밑에서 장사하는 것도 배우면서 다른 사람들과 거래(주고받기, give and take)도 하고 돈거래도 하면서 '신용'도 쌓아가다 보면 상인들 간에 나름 훈훈한 신뢰 관계, 협력관계도 생기게 됨을 알게 된다. 상인들의 협력 관계, 신용, 신뢰를 통해 이 시골 아이는 언젠가 부(富)를 쌓게 되고 한 사회에서 한 명의 성인으로 자리를 잡게 되는 것이다. 이렇게 가족을 넘어 낯선 사람들과 주고받기를 통해 '사회'를 만들어 가게 되는 것을 배우게 되면서 이 시골 아이는 독립된 성인이 되어 가는 것이다.

그런데 아직 한국 사회에는 낯선 사람들과 더불어 공적 공동체를 만드는 것을 어려워하는 사람들이 많다. 그래서 이들은 한국 사회에 다정한 공간을, 즉 가족 같은 공간을 확대하려 한다. 이들은 공적 관계를 사적 관계처럼 '다정한' 곳으로 만들려고 한다. 대표적인 것이 주변에 '유사 가족'을 만드는 것이다. 학교나 사회에서 만난 사람들 간에 나이에 맞춰 '형' '아우' 관계를 만드는 것이 대표적인 사례다. 이들은 이런 유사 가족을 '패거리'로 만들어 편하게 이권을 공유하려 한다. 이런 패거리에 들어가면 요즘 유행어로 '인싸(인싸이더, insider)'가 되어 커넥션을 만끽하게 된다.

그런데 공적 공동체와 달리 사적 공동체는 '친근함'을 필요로 하기 때문에 항상 '대면 접촉'이 필요하고 조금만 서로 얼굴을 안 보면 금세 서먹서먹해지게 되는데, 계속해서 스며드는 이 서먹서먹함을 깨기 위해 밤마다 '술자리'가 요구된다. 술로 맺어지는 공동체는 대면 접촉(그리고 어깨동무 등의 피부 접촉)으로 맺어지는 사적 공동체(패거리)다.

부모의 슬하를 늘 그리워하는 많은 한국인들은 또한 '공무원'이 되려 한다. 아니면 자신의 일자리를 공무원 같은 '철밥통'으로 만들고자 한다. 스스로 창업해 '상공인(商工人)'이 되는 것은 무서운 일이라 생각하면서 평생 안전하게 '용돈(월급과 연금)'을 받아가며 생활할 수 있는 공무원을 최고의 직업으로 생각한다. 이 생각이 극단적으로 가면 국민 모두를 공무원처럼 편안하게 만들어 줘야겠다는 생각도 나올 수 있다. 좌파의 사회주의(社會主義)적 사고가 이것이다. 한국 사람들은 좌우를 막론하고 이래저래 '공무원'을 좋아한다.

• "진정성"이라는 표현은 가족주의적 어리광이다.

부모 그리고 가까운 형제자매는 우리의 '속내(선한 의도)'를 잘 안다. 오랫동안 함께 생활하기 때문이며 기본적으로 선의(善意)를 갖고 있기 때문이다. 하지만 '낯선 사람들의 공적 공동체(공화국)'에서는 가족처럼 우리의 '진정성', 즉 '속내'를 이해해 줄 사람이 많지 않다. 여기서는 밖으로 드러난 '결과'가 중요할 뿐이며, 나쁜 결과를 내면서도 나의 '진정성'을 이해해 달라는 어리광은 용납되지 않는다. 이렇게 자신의 속내 또는 진정성을 믿어 달라고 매달리는 것 역시 부모의 슬하를 떠나지 못하는 미성숙에서 나온 것이다.

• '독점'의 편안함 역시 미성숙이다.

미국, 일본, 유럽 대부분의 선진국에는 자수성가한 창업자들이 많다. 이에 반해 한국의 부자들은 대부분 이씨, 정씨 등 몇몇 재벌가문 2, 3세들이다. 이들은 중앙정부의 협력 내지 방관 아래 독과점체제를 만들고는 경쟁 없이 마음 편하게 안정된 수익을 누린다. 독과점의 편안함을 방패 삼아 능력이 없는 창업자의 후손들도 경영권을 주저 없이 물려받는다. 여기에는 '공정한 경쟁'에서 살아남아 사회에 한몫을 하는 어른이 되기보다는 독과점의 보호 속에서 영원히 어린이로 남아 있고 싶어 하는 멘털리티가 있는 것이다. 이 점은 노동시장에서 공정한 경쟁을 없애고 힘세고 배타적인 노조의 보호 속에서 공무원처럼 살고자 하는 일부 정규직 노동자도 마찬가지다. 이렇게 기업가나 자본가나 노동자나 '과보호' 속에서 어린아이로 평생을 보내고 싶어 한다.

• 낯선 자들의 공적 공동체인 '공화국' 시민은 항상 눈을 뜨고 있다.

가족의 보호 아래에서 어린이는 그 어떤 몽상도 가능하다. 어떻게 생각하든 부모의 보호 아래 편히 살 수 있기 때문이다. 이에 반해 낯선 자들과 '주고받기' '거래'를 하면서 살아야 하는 독립된 성인(진정한 공화국의 시민)은 항상 거래 상대방과 바깥세상이 무엇을 원하는지 정신을 바짝 차려야 한다. 부모의 보호 아래 있는 어린이는 '주관'적이어도 무방하다. 그 어떤 몽상도 가능하다. 하지만 홀로서기 하는 어른은 조금만 상황을 잘못 판단하면 생존 자체가 위태로워지기 때문에 습관적으로 '객관'적일 수밖에 없다. 조금도 몽상이 허락되지 않는다.

국가 차원에서도 부모의 보호 아래 있는 어린이와 마찬가지로 제국이나 강대국의 보호 아래 있는 나라들 역시 주관적 경향이 강하다. 몽상이 강하다. 학문이나 과학이 발달하지 못하고 사변적 논쟁만이 무성하다. 아무 말이나 해도 평화는 어차피 그 위의 제국과 강대국이 지켜주기 때문이다. 아이들은 말이 많고, 어른은 행동한다.

• 독립된 성인처럼 독립된 나라 역시 바깥세상의 '무정'함에 마음 상하지 않는다.

가족의 따뜻함, 다정함만을 알고 있는 시골 아이가 서울에 올라와서는 쉽사리 사기를 당하고 나쁜 사람의 꾐에 빠지는 경우가 많다. 조금만 다정하게 대해 줘도 쉽사리 마음을 놓기 때문이다. 다정해 보이는 상대방을 부모, 형제처럼 쉽사리 믿어 버리기 때문이다. 하지만 가족 너머에 있는 바깥세상은 결코 다정한 곳이 아니다. 거기에는 '주고받기'만이 있을 뿐이고 '신용'이 있을 뿐이며, 이것만이 우리를 지켜줄 것이다. 이 점을 직시하면 하나의 성인으로서 상공인이 되어 성공할 수 있고 믿을 수 있는 '동료'나 '거래처'를 많이 만들 수 있다.

국가도 마찬가지다. 외국들 역시 우리나라에게 무정하다. 그들에게 '호의'를 바라는 것은 시골 아이의 천진함이다. 우리나라는 외국들과 '거래(주고받기)'를 할 뿐이며, 거래가 계속되다 보면 '신용(trust)'이 쌓일 뿐이다. 미국도 북한도 일본도 우리 뜻대로 우리에게 호의적으로만 움직여 주리라 믿어서는 안 된다. 그것 역시 시골 아이의 천진함이다. 또한 호의적으로 움직여 주지 않는다고 그 무정함을 증오해서도 안 된다. 그런 다정함은 가족에게만 기대해야 한다. '주고받기'를 하면서 '신용'을 쌓다 보면 외국이 완전히 무정하기만 한 것은 아님을 또한 깨닫게 된다.

• 부모의 슬하를 떠나는 것, 무정한 바깥세상에서 낯선 이들과 더불어 사는 법을 배우는 것이 한국사회를 제대로 된 공화국으로 만드는 근본적 사상혁명이다.

공화국은 공적 공동체다. 따라서 가족 외에는 사적 공동체를 최소화해야 한다. 대한민국 전체를 하나의 정이 넘치는 가족처럼 만들겠다는, 즉 과거 제국주의 일본의 '가족국가(家族國家)' 같은 것을 꿈꾸는 사람들이 아직 많이 있지만, 가족 같은 사적 공동체는 오랫동안의 대면 접촉, 따뜻한 피부 접촉을 통해서만 만들어지기 때문에 사적 공동체의 사이즈는 제한될 수밖에 없다. 5000만 명이 함께 매일 가족처럼 식사를 같이하고 포옹을 하고 볼을 부빌 수는 없기 때문이다. 즉 가족국가를 만들겠다면서 '다정한 나라'를 만들려고 애써 봤자 최대 1000명짜리의 '패거리'들만 잔뜩 만들어 낼 뿐이다. '가족국가'는 이상 자체가 나쁘다기보다는 실현 가능하지 않기에 나쁜 이상이다. 또한 공적 공동체를 해치는 패거리만을 잔뜩 만들어내기 때문에 나쁘다. 조금 느슨해 보일지라도 대한민국 국민 5000만 명을 묶어 내는 공동체는 '공적' 공동체, 즉 공화국(republic)뿐이다. '정이 넘치는' 나라를 만들려다 보면 '정의가 넘치는' 나라가 무너져 버린다. '정이 넘치는 나라'는 어린아이들이 꿈꾸는 세상에 불과하다.

'인싸'들끼리만 '다정한' 사적 공간, 즉 패거리의 공간을 축소하기 위해 우리는 대한민국을 '공정하게 경쟁하는' 상공인(商工人)의 나라로 만들어야 한다. 많은 분야에 이런 '공정 경쟁'의 '상공인 원리'를 퍼뜨려야 한다.

공무원과 지주 그리고 시장독점을 통해 현대판 '지주'로 편히 지내려는 독점기업가는 공익의 이유를 제외하고는 그 수를 최대한 억제해야 한다.

국가 차원, 즉 국제관계에서도 어른스러운 '홀로서기'의 정신을 키워 나가야 한다. 그런 점에서 한미동맹의 중요성을 인정하면서도 나라의 안보를 미국에게 전적으로 의존해서는 안 된다. 일본, 중국, 러시아 등 주변국들에게 '다정함'을 기대해서도 '무정함'에 발끈해서도 안 된다. 낯선 자들이 있는 바깥세상은 오직 '주고받기'만이 있는 곳임을 명심해야 할 것이다. 북한에 대해서도 역시 '같은 민족이니까 당연히 우리에게 다정할 것'이라는 기대를 갖지 않는 것이 북한과 '주고받기'를 잘하기 위해서라도 좋다. '민족'은 '가족'이 아니기 때문이다. 가족인 양 '거리감' 없는 태도로 무람없이 접근하다가는 오히려 북한이 당황할 위험도 있고, 또 우리가 그 당황한 모습에 실망할 위험도 있다. 지난 8·15광복절 경축사에서 문재인 대통령이 2045년까지 통일을 달성하겠다고 선언하는 등 우리로서는 북한에 대해 다정한 제안을 많이 했는데, 예상과 달리 북한은 곧바로 미사일도 쏘면서 문 대통령을 비난하기 시작했다. '같은 민족이니까'라는 '다정한' 마음가짐보다는 '이웃이니까'라는 약간은 무정할 수도 있는 적당한 거리감이 북한에 접근하는 옳은 자세일 것이다. 개인적으로나 국가적으로나 어른이 된다는 것은 '무정(無情)'과 화해하는 것이다.

2부

공화주의와 한국

4장 한국현대사 백년의 재조명: '배반의 역사'인가, '성공의 신화'인가?

조민(통일연구원 석좌연구위원)

프롤로그

대한민국 헌법(헌법 제10호 1987, 10, 29., 전부개정)은 제1장 제1조 ① "대한민국은 민주공화국이다."를 선언하고 있다. 이는 제헌헌법(1948, 7, 17., 제정) 제1조를 그대로 계승하였다. 제헌헌법의 민주공화국 선언은 1919년 3·1 운동으로 수립된 임시정부의 「대한민국임시헌장」(임시정부법령 제1호, 1919. 4. 11., 제정) 제1조 "대한민국은 민주공화제로 함." 조항을 그대로 이어받았다. 이처럼 '민주공화국(제)'는 국권 상실기의 임시정부로부터 오늘날 대한민국의 건국이념으로 최고의 헌법적 가치라고 할 수 있다.

한국 현대사의 오랜 시기 동안 민주공화국의 이념과 정치 현실 사이에는 쉽사리 메울 수 없는 커다란 간극이 놓여 있었다. 이 시기 누구도 대한민국의 건국이념인 민주공화제의 올바른 구현에 대해 근본적인 문제를 제기하지 않았다. 일제 강점기에는 임시정부의 존립조차 보장받기 어려운 상황에「대한민국임시헌장」은 전혀 관심의 대상이 아니었다. 해방과 미군정 3년을 거쳐 1948년 8월 정부 수립 시기에도 어느 누구도 '민주공화국'을 실천적 정치 과제로 문제 삼지 않았다. 1950년대 이승만 대통령과 자유당 독재시대 그리고 박정희 시대의 근대화 추진의 개발독재 시기에 이어 1980년대 신군부 권위주의시대에 이르기까지 한국 정치의 최대 과제는 오로지 민주주의 이념의 구현이었다. '독재 타도'가 곧 민주주의 실현으로 부각되었다. 이에 군부권위주의 타도, 반독재민주화가 역사적 과제이자 '시대정신'(zeitgeist)이었다.

한국 현대사 백년은 좌절과 시련의 역사를 극복해오면서 세계 속에 우뚝 선 자랑스러운 역사를 일구어왔다. 지난 20세기 전반기에 식민지 고통과 굴종을 넘어 국내외에서 민족해방운동(독립운동)이 끊임없이 전개되었다. 해방과 함께 찾아온 분단, 전쟁과 가난, 그리고 세계적 냉전체제의 극한적 대립구도의 한계 속에서 우리 한국은 20세기 후반기의 비교적 짧은 기간에 세계가 놀라는 산업화와 민주화를 순차적으로 이루었다. 이는 세계사에 유례를 찾을 수 없는 거의 '기적'에 가까운 일이라고 할 수 있다.

한국 사회는 지금 두 갈래로 찢겨졌다. 분단과 분열이 우리 시대의 자화상이다. '한 민족, 두 나라'의 분단국가 상태에다, '한 나라, 두 국민'의 국가분열 상태에 처했다. 이념, 지역, 계층, 세대 간의 '편 가름'이 해소될 가능성은 보이지 않고 날로 극심해지고 있는 실정이다. 진영 간 대결, 이분법적 정치사회구조로는 결코 미래를 내다볼 수는 없다. 진영 구도는 물론 경제적 양극화로 초래된 측면을 무시할 수는 없다. 그러나 이 글에서는 한국 현대사 백년을 바라보는 인식 즉, '역사관'의 문제에서 비롯된 측면이 크다고 본다. 예컨대 보수우파 대 진보좌파의 진영구도에 빠진 '친일 대 종북' 프레임은 그야말로 현대사 백년에 대한 각 진영의 '독선과 아집'의 소산이 아닐 수 없다. 국권상실과 일제 강점기로부터 건국 후 지금까지 한국 현대사 백년의 우리 모습을 어떻게 보는가에 따라 우리의 자화상이 일그러질 수밖에 없다는 문제의식에서 출발한다.

1. 3·1운동과 독립운동

우리 한국의 현대사는 1919년 3·1운동을 기점으로 삼을 수 있다. 대한민국의 헌법 전문은 "우리 대한민국은 3·1운동으로 건립된 대한민국임시정부의 법통" 계승을 선언하고 있다. 3·1운동은 제1차 세계대전 직후 전개된 세계적인 민족해방운동의 조류에 힘입어 조선의 독립과 조선인의 자주민임을 선언하면서 인류평등의 대의와 정의, 인도, 생존, 존영의 기치를 세계만방에 고(告)한 쾌거였다. '저 3월 하늘에 출렁이는 피에 물든 깃발'은 2천만 조선 민중의 절규였고 함성이었다.

3·1운동의 민족사적 의의는 매우 크다. 첫째, 전국적·거족적 차원에서 조선 민중의 최초의 '정치적 진출'이었다는 데에 가장 큰 의의가 있다. 전 단계 의병운동은 일제 침탈에 대한 저항이었으나. 정치적 구상의 부재로 새로운 비전과 대안 제시가 나타나지 않았다. 둘째, 임시정부의 수립이다.

조선 민중의 정치적 의지는 근대적 국민주권 기관인 임시정부 수립으로 결실을 맺었다. 사상사적인 차원에서 20세기 초에 전개된 애국계몽운동 이래 모든 단체는 군주제가 아닌 공화제를 내세웠고, 이러한 추세 속에서 이미 독립국가의 주인으로 근대적 국민 의식과 함께 공화정의 이념이 자리 잡고 있었다. 셋째, 3·1운동 이후 나라 안팎에서 항일운동과 독립운동이 본격적으로 전개되었다. 일제의 무자비한 탄압 속에서도 삽시간에 전국 방방곡곡으로 퍼져나갔고 간도, 만주, 시베리아, 연해주, 미주지역까지 퍼져나갔다. 이런 점에서 3·1운동이야말로 우리 민족의 현대사의 연원(淵源)으로, 오늘날 남북한 분단을 극복하고 통일로 나아가는 길에 우리 민족의 '한마음 한뜻'을 되찾을 수 있는 민족 통합의 뿌리라고 하겠다.

3·1운동이 약소민족의 독립운동을 일깨운 데 대한 세계사적 의의도 높이 평가되어야 한다. 3·1운동은 국제사회에 한국인의 자유와 독립에의 열망을 각인시켰다. 나아가 중국 5·4운동, 인도와 이집트, 인도차이나, 필리핀 독립운동에 영향을 주었다.[1] 특히, 중국과 인도의 반제 투쟁의 노선과 방식에 영향을 끼친 사실이 새삼 주목할 만하다.[2]

---

1 국가기록원, '주요독립활동−독립운동관련 판결문', http://theme.archives.go.kr/next/indy/viewincident.do?page=2

2 김영삼 대통령은 '3·1절 유감(有感) −1'에서 인도의 네루는 그의 딸 인디라를 위하여 쓴 『세계사 편력』(1932년 12월 30일자)에서 3·1운동의 감명을 적었다고 하면서, "중국에서는 3·1운동의 영향 아래 5·4운동이 일어났다… 중국 공산당의 창당에 관여한 진독수(陳獨秀)는 1919년 3월 23일자의 [매주평론(每週評論)] 에 "조선독립운동지감상(朝鮮獨立運動之感想)"이라는 글을 기고하고, 중국 민족의 궐기를 호소하였다"고 했으며, 나아가 "인도에서는 국민회의파의 독립운동이 3·1운동의 영향을 받고 급속하게 고조되었다… 인도독립운동의 비약적 발전의 전환점을 이룬 간디 지도하의 1919년 4월의 사타야그라하사브하운동은 3·1운동의 영향을 크게 받는 것이었다"라고 밝혔다. http://14cwd.pa.go.kr/president/1bm/

한편 북한은 3·1운동을 '3·1인민봉기'로 부른다. 우선 북한은 3·1봉기는 평양에서 먼저, 서울에서는 평양에서보다 좀 뒤늦게, 타오르기 시작했다고 서술하고 있다. 민족대표 33인의 독립청원운동을 폄하하면서 특히, 〈상해임시정부〉를 '사대매국노 집단'으로 규정했다.[3] 이처럼 3·1운동에 대한 북한의 평가는 우리 측 인식과는 전혀 공통점을 찾아볼 수 없을 뿐만 아니라 특히, 김일성 가계 중심으로 근대사를 서술하는 데서 엄청난 인식 차이를 드러낸다.

20세기는 가히 '혁명과 전쟁의 세기'였다. 20세기 초반 세계사적 구조 변화의 직접적인 계기는 제1차 세계대전과 러시아 혁명이었다.[4] 3·1운동 전후 당시의 세계사적 조류와 신사조가 적극 수용되었다. 무엇보다 먼저 식민지 피압박민족에게 큰 영향을 미쳤던 민족자결주의 사조에 자극을 받았다. 미국 윌슨 대통령의 민족자결주의는 국제연맹의 위임통치를 통한 식민지 문제의 점진적 해결 방안으로 주창된 것으로, 당장 전승국 일본의

1b4m/1b4km/1b4ki001.asp; 김대중 대통령 제80주년 삼일절 기념사, "중국의 5·4 운동과 인도의 반영운동에도 영향을 준 3·1운동은 비폭력 평화운동이었으며, 민중이 자발적으로 궐기한 민중의 운동이었습니다." 『김대중대통령연설문집』 제2권.

3 북한은 상해임시정부를 이렇게 평가하고 있다. "실로 《상해임시정부》 안의 사대매국노들이 한 일이란 이른바 《정부》틀만 차려놓고 애국동포들로부터 《운동자금》이나 걷어들여 탕진하며 강대국들에 대한 《청원운동》이나 하고 서로 물어뜯고하는 파벌싸움이나 일삼아온데 지나지 않았다. 《상해임시정부》의 책동은 3·1봉기후 우리나라 부르죠아민족운동의 전면적인 쇠퇴몰락과정의 직접적 반영인 동시에 그의 뚜렷한 표현이기도 하였다" 『조선전사』 15(근대편 3), 과학, 백과사전출판사(평양 1980.9.15), 119-224쪽.

4 조민, "제1차 세계대전 전후의 세계 정세." 한국연사연구회·역사문제연구소 편(한겨레신문 주최 3·1운동 70주년 기념 학술 심포지움 논문집), 『3·1민족해방운동연구』(서울: 청년사, 1989년).

지배 아래 놓였던 조선의 독립을 가져오지는 못했지만 전후 낙관적 분위기 속에서 민족자결주의의 큰 물결은 독립운동의 사상적 배경이 되었다. 그와 함께 1917년 러시아 볼셰비키의 10월 혁명으로 노농(勞農) 무산자 정부인 소비에트 정권의 수립이 주목된다. 사회주의 이념과 러시아 혁명은 1920년대 이래 항일운동의 사상과 노선에 지대한 영향을 끼치게 되었다는 점을 지적할 수 있다.

2. 해내외에서의 항일독립운동의 전개

일제 강점기 해내외에서 전개된 항일운동은 독립운동의 실질적인 역할 차원에서 크게 4부분으로 나눠볼 수 있다. 우선 만주지역, 국내, 상해·중경의 임시정부, 그리고 미주 지역에서의 독립운동으로 구분할 수 있다. 이를 식민통치기 35년 동안 항일독립운동의 역할과 비중 차원에서 살펴볼 수 있다.

1) 첫째로는 무엇보다도 만주 및 연해주 지역에서 이루어진 무장독립운동이야말로 가장 치열하고 방대하게 전개된 항일투쟁으로 평가되어야 한다. 3·1운동 이후 다양하게 전개된 독립운동 가운데 1920년대에 전개된 무장독립운동을 가장 높이 평가해야 한다. 특히, 무장항일운동을 치열하게 전개할 수 있었던 배경으로 독립군 양성소인 신흥무관학교가 조명될 필요가 있다. 1910년 나라를 잃자 우국지사 몇몇 분들이 국내에서의 항일운동의 한계를 자각하고 1911년 초 만주로 망명하여 항일운동의 근거지 마련에 나섰다. 그분들 중 유학자이자 국내 최대의 거족 가문 출신

으로 1925년 임시정부 초대 국무령이었던 이상룡(石洲 李相龍, 1858~1932)과 이회영(友堂 李會榮, 1867~1932) 일가는 집단망명으로 독립운동을 전개했다. 항일 무장독립운동의 요람이자 독립투사 양성 기관으로 1919년 5월 설립된 신흥무관학교는—1912년 초까지는 신흥강습소 또는 신흥학교로 불리었는데 이회영, 이상룡 두 분 모두 학교 설립에 재정적으로 커다란 기여와 역할을 하였다—무장독립운동의 커다란 반석이 되었다. 1920년 가을 폐교될 때까지 2,100여 명의 독립군을 배출하였는데 그 후 그들은 무장독립운동단체인 서로군정서, 북로군정서 그리고 만주지역의 대한통의부, 정의부, 신민부, 국민부 등에 독립운동단체에서 활동하였다. 뿐만 아니라 의열단과 임시정부 산하의 광복군에도 신흥무관학교 출신이 많았다.

당시 남만주 지역(東邊道地方)에서 나타난 지방자치조직이 주목된다. 1919년 4월 대표적인 자치조직인 한족회(韓族會)가 구성되면서 독자적인 정치군사조직인 군정부(軍政府)를 창설하였는데, 상해 임정의 제의에 따라 서간도 군사기관인 서로군정서(西路軍政署)로 확대 개편되기도 했다. 이처럼 신흥무관학교는 1920년 서로군정서 창설의 모태였다고 할 수 있다. 서로군정서에 대해 신흥무관학교 출신이자 의열단이었던 김산의 술회는 시사하는 바가 크다. 그는 "조선인들은 자기들의 인민정부와 재판소를 가지고 있었으며, 진정한 자치제를 실시하고 있었다"고 평가한 바 있다.[5]

만주·연해주 지역 연구는 냉전시대에는 접근 불가 지역이자 이념적으로도 터부시되었다. 사회주의체제의 붕괴 이후 한·중 관계, 한·러 관계가 정상화되기까지 학술 연구의 제약이 많았고, 지금도 이러저러한 제약을

5 김산(장지락) 회고(님 웨일즈,『아리랑』),『내일을 여는 역사』 제25호(2008년).

받고 있다. 최근 학술적 연구에 대한 중국 측의 비협조와 통제로 보다 구체적인 연구가 제약을 받고 있는 가운데서도, 신주백의『만주지역 한인의 민족운동사(1920~45)』(1999)는 이 분야 연구의 금자탑으로 만주지역 독립운동사 연구의 지평을 활짝 열어놓았다. 앞으로 보다 활발하게 이 분야 연구가 진전된다면 우리의 독립운동사는 새롭게 해석될 수 있을 것으로 기대된다.

2) 항일운동의 두 번째 위상과 비중은 국내에서의 다양한 민족운동의 전개에 초점을 맞추어야 한다. 무장투쟁의 한계를 안고 있는 국내적 조건하에서 항일운동은 민족주의와 사회주의운동 노선의 항일민족운동이 지속되었다. 1920년대 중·후반 지식인 주도의 조선공산당 운동은 수차례의 검거로 실패하고 말았지만, 비타협적 투쟁 방식으로 다음 단계의 사회주의 노선의 노동자·농민 운동의 사상적 선구가 되었다.

한편 1920년대 후반 좌우익 세력이 합작하여 결성한 신간회의 활동이 주목된다(이균영,『신간회 연구』, 역사비평사, 1993). 신간회는 1927년 2월 '민족유일당 민족협동전선'의 기치 아래 민족주의를 표방하면서 민족주의 진영과 사회주의 진영이 손잡고 창립한 민족운동단체로, 분열과 이념적 갈등을 넘어 그야말로 '좌우합작'을 통한 민족협동전선의 새로운 경지를 열었다는 데에 역사적 의의가 있다. 신간회는 조선 민족의 정치적·경제적 해방과 독립 활동을 전개하자 곧 일제의 탄압이 뒤따랐다. 그러자 민족주의 진영에 주도권을 빼앗긴 사회주의 진영이 해산을 획책하여 1931년 5월 초 해체되고 말았다. 민족협동전선이 좌파의 불만과 거부로 4년 만에 깨졌는데, 좌우익 갈등과 대립은 일찍이 사회주의 이념과 노선 수용 시기부터 나타나고 있었다. 당시《동아일보》의 지적이 이런 분위기를 그대로 말해준

다.[6]

> 지금 우리 사회에는 두 가지 조류가 있다. 하나는 민족주의 운동의 조류요, 또 하나는 사회주의운동의 조류인가 한다. 이 두 가지 조류가 물론 해방의 근본적 정신에 있어서는 조금도 다를 것이 없다. 그러나 운동의 방법과 이론적 해석에 이르러서는 털끝의 차이로 1000리의 차이가 생겨 도리어 민족운동의 전선을 혼란스럽게 하여, 결국은 (일제로 하여금) 어부의 이를 취하게 하며 골육의 다툼을 일으키는 것은 어찌 우리 민족의 장래를 위하여 통탄할 바가 아니랴.

1930년대 국내항일운동은 일제 식민지 자본주의의 발전 속에서 민족주의 노선의 타협과 탈락이 나타나는 가운데, 민중 차원에서는 일제 말기까지 붉은 노조·농조운동으로 치열한 투쟁이 지속되었다. 1920년대 노동자가 급증하자 태업이나 파업이 많이 터졌지만 대개 우발적이고 자연발생적인 형태였다. 1930년대 초반 서울(경성)의 경우 공장노동자가 2만 5천여 명에 이르렀다. 1930년대 중반에 평양, 원산 등의 치열한 노동파업 운동과 함께 서울에서도 노동운동이 지속적으로 전개되었다. 그런데 이 시기 국내 사회주의운동은 중국 등 해외에서 국내 운동을 지도하는 것은 한계가 있다고 여겨 해외 항일운동과의 연계를 시도하지 않았다. 그 후 이러한 항일투쟁이 끊임없이 일어났으나 당시의 전시동원체제 하의 철저한 언론 통제로 거의 알려지지 않았다. 그럼에도 최근 이 시기의 항일운동에 대한 전

---

6 《동아일보》(1925. 9. 27).

인미답의 연구 영역이 개척되면서 그동안 철저히 암흑기로만 알려졌던 일제 말 식민지 조선 민중의 힘찬 맥박과 박동을 밝혀지고 있다.[7]

1930년대 일본제국주의는 제1차 세계대전 이후의 세계경제의 호황기 속에 한반도 지배를 안정적으로 굳힌 토대 위에서 대륙 침략이 적극적으로 추진되었다. 이에 항일운동이 침체기에 접어들 수밖에 없었다. 중국을 비롯한 해외에서의 항일운동이 어려운 상황에 부딪혔고 특히, 국내에서는 좌우합작으로 만들어진 신간회마저 깨지면서 민족주의 지도자들이 점차 일제에 순응적이 되면서 항일운동에서 거의 탈락하였다. 반면 이 시기에 국내 항일운동은 사실상 사회주의자들에 의해 주도되면서, 조직적인 노동운동이 활발히 전개되었다. 해마다 사회안전법으로 수천 명씩 구속되었는데, 이 가운데 사회주의자가 압도적으로 많았다. 이미 만주와 간도의 무장투쟁 주도권도 국내 사회주의자들에게 넘어왔다.

3) 항일운동의 세 번째 위상으로는 임시정부의 역할을 지적할 수 있다. 상해 임정은 최초의 민족통일전선으로 묶어졌다는 데 의의가 크다. 그러나 곧 분파와 갈등으로 지리멸렬했고, 1932년 4월 윤봉길 의사의 거사 이래 장개석 국민당의 후원으로 겨우 명맥을 유지해오다 1940년 장개석을 따라 충칭(重慶)에 자리 잡았지만 여기서도 분열과 파당으로 갈갈이 찢겨졌고 통일전선 형성은 전혀 기대할 수 없었다. 중국 대륙 곳곳에서 임정 깃발 아래로 모였던 혁명가와 독립투사들은 결국 연안(延安)의 홍군의 깃발 아래로 떠나가고 말았다. 임정의 배타적·의존적 노선의 실패이자, 임정

7 변은진, 「일제 전시파시즘기(1937~45) 조선 민중의 현실인식과 저항」(고려대 박사학위 논문 1998).

지도부의 독선적 현실 인식과 역량의 한계였다.

우리에게 너무나 잘 알려진 광복군 출신 장준하는 중원 6천 리 대장정 끝에 충칭 임정에 합류했지만 지도부에 실망하여 하루빨리 임정을 떠나고 싶었던 고통스러운 심정을 토로한 바 있다. 그는 충칭에서 어느 날 100여 명 가까운 교포들(당시 충칭 교포 6백여 명) 대상으로 국내실정 보고를 하는 자리에서 임정에 대한 실망과 분노를 이렇게 털어놓았다.[8]

> …가능하다면 이곳을 떠나 다시 일군에 들어가고 싶습니다. 이번에 일군에 들어간다면 꼭 일군 항공대에 지원하고 싶습니다. 일군 항공대에 들어간다면 충칭 폭격을 자원, 이 임정 청사에 폭탄을 던지고 싶습니다. 왜냐구요? 선생님들은 왜놈들에게 받은 서러움을 다 잊으셨단 말씀입니까? 그 설욕의 뜻이 아직 불타고 있다면 어떻게 임정이 이렇게 네 당, 내 당하고 겨누고 있을 수가 있는 것입니까?

충칭 임정 청사에 폭탄을 던지고 싶었던 젊은 광복군은 훗날 임정을 평가하는 자리에서, "임정을 독립투쟁의 주역으로 볼 수는 없고 독립투쟁의 전략 단위의 하나로 규정하고 평가를 시작해야 한다"고 주장했다[9] 이는 임정의 역할과 성격에 대해 많은 점을 시사하며, 우리에게 식민지 시기의 여러 항일민족운동에 대한 올바른 평가를 요청하는 말이기도 하다.

---

8 장준하, 『돌베개』(파주: 돌베개, 2015), 260－61쪽.

9 장준하, "민족통일 전략의 현 단계(초안), 1973년 7월 4일." 『張俊河文集 1』(서울: 思想, 1985), 46쪽.

임정은 초기 항일독립운동의 구심적 위상이었지만, 임정의 역할은 실망스러웠고 오히려 독립운동의 노선과 전략에 도움이 되지 못한 측면이 분명히 지적되어야 한다. 그럼에도 임정은 과대·과잉 평가되어오면서 우리의 독립운동사 전체상을 올바르게 파악하지 못하게 만든 측면도 있다. 더욱이 김구 선생에 대한 신화화 속에서 임정과 김구의 일체화가 이루어졌고 '김구=임정'의 등식화는 임정에 대한 냉철한 평가를 가로막았고, 해방과 건국 과정에서도 많은 혼돈과 왜곡을 초래하기도 했다.

4) 마지막 네 번째로 미주 지역에서의 독립운동이다. 미국에서는 독립운동의 대표성과 주도권 장악을 둘러싼 갈등이 해소되지 못한 가운데 조선의 독립을 미국 조야에 호소하는 이승만의 외교노선이 잘 알려져 있다. 이승만은 연설, 강연, 미국 정가에 편지 보내기 등의 방식으로 일제의 야욕으로부터 조선의 독립을 호소했다. 만주, 중국 그리고 국내와는 전혀 다른 활동의 장(場)에서 펼쳐진 외교노선은 결국 비효율적인 독립청원 운동에 불과했다고 비판받고 있다. 그러나 미국에서의 활동 배경과 국제정세에 대한 현실적 감각은 이승만으로 하여금 해방 정국의 최후의 승자가 되는 정치적 자산으로 작용했다.

해내외에서 전개된 다양한 노선의 독립운동은 모두 우리 항일민족운동사의 소중한 자산이 아닐 수 없다. 그럼에도 이렇게 분류하고 순위 매김을 한 까닭은 민족운동사 전반에 대한 전체상 속에서 항일독립운동의 역할과 위상에 대해 보다 객관적인 이해가 필요하다고 생각한다. 정작 치열했던 독립운동의 역할과 의미가 축소·왜곡되는 반면 특정한 독립운동이 실제 이상으로 과대평가되는 것 자체도 역사 왜곡의 한 형태일 수 있기 때문이다.

• 자유시 참변: 무장독립군의 와해와 민족사의 굴절

봉오동·청산리전투 후 일본군이 독립군을 완전히 소탕하기 위해 대대적인 토벌작전을 펼치자, 이에 독립군은 전략상 부득이 노령으로 이동하는 도중에 밀산(密山)에서 약 3,500명 정도에 달하는 독립군을 대한독립군단으로 통합·재편성하였다. 대한독립군단은 보다 활동에 유리한 국경 넘어 연해주의 이만(현 달레네친스크)으로 들어갔다. 그런데 1921년 6월 28일 노령(露領) 자유시(스바보드니, Svobodny) 근방에 주둔 중인 한인부대를 러시아 적군이 무장 해제시키는 과정에서 많은 사상자를 낸 참극이 발생하였다.[10] '흑하사변'으로도 불리는 '자유시 참변'은 대한독립군단이 레닌의 적군과 교전한 사건으로, 한국독립전쟁사상 무장독립운동의 주도 세력 간의 파쟁 속에 러시아 적군의 무리한 대한독립군단 해산 과정에서 발생한 비극적 참상이었다.

항일 무장독립군이 자유시 참변과 같은 비극적 사태로 와해되지 않고 어느 정도 무장 전투세력으로 남아 활약할 수 있었다면 일제 강점기의 항일독립운동사는 새롭게 쓰였을지도 모른다. 타협과 굴종의 친일 군상은 뒷걸음치고, 자주 독립 의지와 민족의 맥박 소리가 힘차게 고동치는 가운데 해방 조국을 맞이했을 것이 분명하다.

---

10 윤상원, "'자유시사변'의 성격에 관한 몇가지 문제." 『史林』 Vol. 17(2002년 6월); "무장부대 통합운동과 대한독립군단." 『역사문화연구』 제24집(2006.06).

3. 해방과 분단: 동 터는 산하, 찢겨진 강토

해방과 독립은 우리 민족 스스로의 힘으로, 우리의 역량으로 쟁취한 것이 아니었다. 바로 여기에 이미 남북 분단의 싹이 트고 있었다. 해방과 독립은 누가 거저 가져다주는 것은 결코 아니다. 황토 바람 부는 북만주 벌판, 시베리아의 얼어붙은 동토 위로 불어오는 모진 눈보라와 칼바람을 맞으며 "투쟁의 밤, 거역의 밤"을 보낸 항일 무장독립군의 와해는 조국 해방의 앞날에 어두운 그림자를 던졌다. 어느 면에서 이 시기 항일 무장독립운동의 투쟁 역량의 와해로 끝내 우리 스스로의 힘으로 해방과 독립을 전취할 수 없었고, 제2차 세계대전 과정에서 참전국의 지위를 획득할 수도 없었다.

무장독립전쟁 과정에서 기라성 같이 빛나는 많은 영웅이 희생당함으로써 동아시아 지역의 공동의 미래를 이끌어 갈 세계적인 지도자들을 잃고 말았다. 그 결과 항일민족운동 과정에서 상대적으로 덜 치열했던 독립운동가들이 그들의 독립정신과 독립운동을 긍정한다고 하더라도 비판과 근본적인 한계를 지적하지 않을 수 없는 살아남아 해방 후 남한 정국의 헤게모니 쟁탈의 주역이 될 수 있었다.

북한의 경우 소련군 소속의 항일 빨치산 부대(제88정찰여단)도 대일전에서 총 한 방 쏘지 못하고 해방을 맞이했다. 충칭 임시정부와 광복군의 경우와 마찬가지로 대일전 참전의 기회가 주어지지 않았다. 이후 건국 과정에서 미국과 소련을 비롯한 국제사회에 한국 독립투쟁세력의 발언권이 완전히 무시되는 결과를 초래했다. 이런 점에서 임정의 광복군이나 북한의 빨치산과 모두 성찰적이고 절제된 입장이 요구된다.

그럼에도 만주지역 빨치산 출신으로 1940년대 이후 소련군 점령 하의 시베리아 지역 하바로브스크 소련군 제88정찰여단 소속 대위였던 김일성이 스탈린에 의해 북한의 최고 통치권자로 '간택'되었다. 김일성에게는 무장독립투쟁의 지도자들인 '민족의 찬란한 별들'의 피눈물 나는 퇴장에 따른 엄청난 '행운'이었다. 그러나 한민족 모두에게는 커다란 '불행'이었다. 훗날 김일성을 비롯한 '빨치산파'는 평양을 점령한 소군정의 지휘 아래 1945년 9월 '북한에 민주정권을 수립하라'는 스탈린의 비밀 지령을 충실히 수행하였다. 최근 밝혀진 자료에 따르면, 김일성이 국내 입국 전에 스탈린이 직접 면접한 후 낙점했다는 증언이 눈을 끈다.[11]

해방 정국 3년은 가히 '혁명적' 상황이었다. 혁명은 일반적으로 혁명을 이끄는 주도세력의 차원에서 '위로부터의 혁명' 또는 '아래로부터의 혁명'으로 구분되는데, 우리의 해방 3년사의 경우 혁명적인 정치사회적 변화를 이끈 주체는 미국과 소련의 두 외세였다는 점에서 '외부로부터의 혁명'으로 볼 수 있다. 한반도의 남과 북에 '자유와 평등'의 이념이 대결적으로 덧씌워졌다. 그럼에도 우리 힘으로 쟁취하지 못한 해방, 독립운동의 군사 역

11 김일성은 1945년 9월 19일 원산항을 통해 입국한 후 9월 22일 평양에 입성하였으며 10월 14일 '김일성 장군'으로 평양 대중 앞에 등장하였다. 이 모든 과정은 소련군 당국의 사전 기획에 의해 이루어졌다. 그런데 김일성이 입국하기 전 스탈린이 김일성을 모스크바로 불러 '앞으로 북조선을 잘 이끌어가라'고 했다는 증언이 주목된다. 이는 입국 전에 김일성이 스탈린에게 이미 간택되었다는 사실을 말해준다. 당시의 소련 정치장교 메크레르의 증언은 다음과 같다. "김일성이 입국하기 보름 전인 1945년 9월 초순, 스탈린이 김일성을 비밀리에 모스크바로 불러 크렘린궁과 별장에서 단독으로 만나 그를 북한의 최고 지도자 후보로 낙점한 후 그를 믿고 평양으로 보낸 것입니다" 김국후, 【비록】『평양의 소련군정(기록과 증언으로 본 북한 정권 탄생 비화)』(파주: 한울, 2008), 70−84쪽.

량의 한계로 한반도의 남과 북을 점령한 미국과 소련의 두 강대국으로부터 독립국가 수립의 발언권을 얻을 수 없었다. 남북한 모두 점령국에 의해 통치구조가 확립되었고 소련과 미국의 국익이 부합하는 위임 통치자를 각각 선택하게 되었고, 강대국 중심의 국제정치의 패권전략에 따라 남북한 공히 '외삽국가(外揷國家, extrapolated state)'로서 38선을 분계로 한반도 남북 지역에서 두 개의 분단국가가 수립되었다. 그 결과 미·소 냉전체제가 형성되는 과정에 미국과 소련의 기지국가·첨병국가로서 민족적 자주성이 전혀 반영되지 못한 두 개의 비(非)자주 국가가 등장하게 되었다.

해방과 더불어 남북한 패권세력은 '민족주의적 사회주의', '민족주의적 자유주의'의 패배와 배제 위에서 외세 소련과 미국의 선택과 지지에 의해 정치권력을 장악할 수 있었다. 사회주의자들은 계급혁명을 앞세우는 코민테른과 소련의 지도 아래 철저히 소련의 노선과 이념에 복무함으로써 민족 문제를 부차적인 과제로 여겼다. 해방 후 북한 정권을 수립한 김일성 중심의 사회주의 세력은 소련의 노선과 이익과는 달리 민중의 지지를 받고 있던 민족주의자들을 축출했고, 그와 마찬가지로 남한에서도 민족적 양심세력이 점차적으로 배제되는 가운데 반공·반소·반북·친미 국가의 수립으로 분단체제가 구축되었다.

• 민족독립과 계급해방의 갈등

분단이 민족 노선과 계급 노선 간의 대립과 갈등에 뿌리를 내리고 있다면, 이러한 이념 대립은 20세기 전반기의 사회주의 혁명과 결코 무관할 수 없었다. 1920년 7월 코민테른 제2차 대회에서 레닌은 「민족·식민지 문제에 대한 위원회 보고」에서 "우리 테제에서 가장 중요하고도 기본적인 사고방식은 피억압 민족과 억압 민족 사이의 구별"이라고 하면서 식민지 민족해방운동에 대한 적극적인 지원을 약속했다. 이 코민테른 보고서가 독립군들이 러시아로 가게 된 주요 동기 중의 하나였다고 할 수 있다. 그러나 볼셰비키 사회주의운동은 민족독립운동에 혼란을 야기하면서 사실상 민족독립운동을 거부하는 민족 압살 정책의 형태를 드러냈다. 그럼에도 당시 민족독립의 과제와 계급혁명의 문제는 이념적 선택 못지않게 항상 전략적 결단의 문제로 다가왔다.

다시 치열하게 고뇌하고 싸웠던 '숭고한' 정신을 간직했던 그분들의 시대로 돌아가서 생각해보자. 소비에트 노농무산자 정부의 이념과 가치에 헌신하고, 그러한 힘을 전제로 민족의 독립을 쟁취할 수 있다는 볼셰비키 혁명가들의 노선과 입장을, 마치 지금의 입장에서 지난날에 통찰력과 선견지명을 가진 것처럼 말하면서, 민족주의 노선과 입장에서 간단히 재단하기는 쉽지 않다. 마찬가지로 우파 민족주의 독립운동의 국가 건설의 불투명한 비전과 대안 부재의 한계를 지적하지 않을 수 없다. 사실 이 모든 문제는 분단극복과 통일로 가는 길목에서 이제 우리가 해결하지 않으면 안 되는 시대적 과제로 부각되고 있다.

• 신탁통치: 좌우익 결렬과 대립

한국 현대사에서 좌우 갈등과 대립은 해방된 지 4개월 남짓 된 시기에 신탁통치 문제를 둘러싸고 전개되었다. 당시의 해방 정국은 온 국민이 우리 손으로 곧 새 나라를 건설하게 된다는 벅찬 희망에 부풀어 있었다. 동아일보 12월 27일자 1면 톱기사는 이런 분위기에 찬물을 끼얹었는데, 동아일보는 '소련은 신탁통치, 미국은 즉시 독립 주장'을 표제어로 뽑았다. 미국, 소련, 영국의 모스크바 3상회의에서 소련의 주장으로 한국에 대한 신탁통치를 합의했다는 내용으로, 이는 명백히 오보였다.

카이로 선언(1943·11.27)에서 미국이 "일본의 탈취, 또는 점령한 태평양상의 모든 도서를 박탈하고 만주, 타이완, 펑후 열도 등 일본이 중국으로부터 탈취한 영토를 중국에 반환하고 한국은 언젠가는 '적절한 절차(in due course)'를 거쳐서 독립할 것"이라고 발표했을 때 이미 미국은 한반도에 대한 신탁통치의 기본 윤곽을 마련하였다. 그 후 기본 골격이 그대로 유지되었다가 종전과 함께 루즈벨트 행정부는 세계질서 재편 과정에서 UN을 통한 신탁통치 방침으로 확고히 했다.[12] 이에 소련은 한반도에서의 미국 영향력의 장기화를 우려하여 신탁통치 기간을 아주 짧게 할 것을 요구하는 방식으로 대응하였다.

신탁통치 소식에 모두가 즉각 반대하였다. 그러나 좌익은 소련과 북측의 지령에 따라 '반탁에서 찬탁으로' 하루 밤새 노선을 전환했다. 좌익이 찬탁으로 돌아서자 국민 대중의 신뢰와 지지를 급격히 상실하게 되었다. 해방 정국의 소외 상태에서 정치적 반전을 노리는 임정 우파와 남한의 제(諸)정치세력이 반탁의 기치 아래 모여들었다. 해방 이듬해 처음 맞는 3·1절 기념행사는 좌익과 우익이 각각 따로따로 행사를 치렀으며, 마침내 찬탁과 반탁을 둘러싸고 남한 사회에서는 좌익과 우익은 완전히 갈라서고 말았다. 탁치 논쟁은 요사이 대북·대외 정책을 놓고 우리 사회에서 벌어지는 남남갈등의 원조 격인 셈이다.

---

12 이주천, "루즈벨트 행정부의 신탁통치 구상과 대한정책." 『미국사연구』 제8집(1998. 11), 221–247쪽.

• 극좌모험주의와 전쟁

분단과 전쟁은 결코 우리 민족의 바람과 선택의 결과가 아니었다. 우리는 세계사의 객체이자 피동적 존재에 불과했다. 자유민주주의 또는 사회주의의 체제선택의 문제도 우리의 판단과 의지의 산물이 아니었다. 이미 초강대국의 세계전략 속에서 우리의 정치적 자율성의 확보는 거의 불가능했으며 선택의 범위도 매우 제한적일 수밖에 없었다. 이러한 구조 위에서 북한은 소련의 소비에트화가 이미 1945년 9월에 결정되었고, 모스크바의 건국 프로그램은 스탈린(Joseph Stalin)이 선택한 인물을 중심으로 별다른 도전세력 없이 추진될 수 있었다. 반면, 미군정 통치하의 남한 정치는 점점 혼미 상태에 빠져들었다. 소련의 점령과 북한의 사회주의화 과정에서 기독교인, 지주, 친일관료 집단 그리고 자유주의적 민족주의자들은 대거 월남하게 되었고, 이들은 남한 정치 사회에서 반사회주의 이데올로기로 반공·반소·반북 정치세력의 새로운 구심으로 부각하면서 반공체제 수립에 깊이 개입하였다.

해방에서 정부 수립까지 소련은 북한을 통치할 지도자를 먼저 선정한 후 그를 중심으로 일사불란하게 사회주의 체제를 구축해 나갔다. 그와 달리 미군정은 남한의 대리 통치자를 선정하지 못한 상태에서 일제 관료기구를 활용한 직접통치 방식을 추진했다. 그러나 미군정의 경제 정책의 실패, 친일관료 및 부일협력자들의 활용에 따른 일반 대중의 실망과 배신감, 그리고 자유주의적 분위기 속의 제(諸)정당·사회단체들의 이념적·정치적 갈등으로 남한 정국은 쉽사리 혼미상태에서 벗어나기 어려웠다. 이 시기 친일군상이 활개 치는 세상에다 절대빈곤의 민중의 좌절 상황과는 달리 북한의 사회주의 프로그램의 진전은 남한 사회에서 선망의 대상이 아닐 수 없었다. 이러한 상황은 북한의 선도 아래 남한의 민중 동원의 극좌모험주의가 대두할 수 있는 배경이 되었다. 그러나 결과는 참담했다. 민중 동원의 극좌모험주의는 남한 사회에서 엄청난 희생을 대가로 치르면서도 미·소 냉전체제의 틀을 깰 수 없었다.

한국전쟁(6·25전쟁)은 북한의 남침으로 일어났다. 김일성은 '국토완정론'을 내세워 전쟁을 결행했다. 김일성과 박헌영은 스탈린과 모택동(毛澤東)을 설득하여 전쟁 지원을 얻어냈다. 그러나 6·25전쟁은 곧 전선의 교착 상태에서 양측의 끝없는 소모전 속에서 1953년 스탈린의 사망으로 37개월이나 끌었던 전쟁은 마침내 휴전협정을 체결하게 되었다. 스탈린은 휴전을 거부했다. 스탈린이 전쟁을 결단하고 휴전을 거부한 데에는 두 측면의 전략이 감춰져 있었다. 우선 스탈린의 세계전략의 무게 중심은 베를린을 중심으로 유럽에 두어졌고, 이에 미국의 힘과 전략적 역량을 유럽 반대쪽인 한반도에 분산시키도록 할 필요가 있었다. 그와 더불어 한반도에서의 잠재적으로 소련에 도전할 수 있는 중국의 역량을 묶어두고 대소의존성을 높이고자 했다. 이런 까닭에 미국을 필두로 하는 자유주의 국가들과 공산주의 국가들 간의 진영전쟁이었던 6·25전쟁은 스탈린의 세계전략 속에서 승부 없는 소모전 형태가 될 수밖에 없었다.[13] 6·25전쟁은 어느 쪽도 이기지 못한 엄청난 희생을 초래하면서도 모두가 패배한 전쟁이었다.

13 지금까지 6·25전쟁이 발발하게 된 배경은 제2차 세계대전 후 미소 양 진영 간의 냉전적 대립구조의 산물로 알려져 왔다. 그러나 최근의 연구에 의하면 중국공산혁명 과정에서부터 증폭되어온 중소 간의 갈등·대립에다 중국 공산당의 신중국(중공) 수립으로 얄타체제가 붕괴하는 과정에서 중소 간의 갈등과 충돌을 전쟁 발발의 배경이자 요인으로 보는 시각이 주목된다. 이세기, 『6·25전쟁과 중국』(파주: 나남, 2015년) 참조.

전쟁 후 한반도의 분단체제는 극단적 증오와 대결구도로 더욱 공고해졌다.

20세기 말 마침내 냉전시대와 사회주의는 역사 저편 너머로 사라졌다. 그와 함께 한반도에도 전쟁과 대결의 시대는 가고 남북한 평화와 통일시대에 대한 기대에 한껏 부풀었다. 그러나 북한의 핵개발로 전혀 다른 국면이 전개되었다. 21세기 초 한반도와 동북아 평화 문제는 전혀 다른 차원에 접어들었다. 30년 가까이 북핵 문제가 한반도 평화와 통일을 가로막고 있는 가운데, 미국과 중국 간 세기적인 패권갈등이 동아시아 지역의 평화와 미래에 짙은 그림자를 드리우고 있다.

4. 분단을 넘어, 통일의 길목에서

(1) 한국현대사 백년: '배반의 역사'인가, '성공의 신화'인가?

전쟁과 분단공고화 이후 남한과 북한은 각기 서로 다른 길을 걸었다. 한국은 흔히 산업화와 민주화 두 마리 토끼를 동시에 잡았다고 얘기된다. '실패국가'(failed state) 북한과는 달리, 한국은 기적과 같은 경제적 성공으로 새로운 신화를 창조했다. 한국현대사 백년의 이해는 이제 일국사적 접근을 넘어 그리고 분단시대 남북한의 총체적인 궤적 속에서 한민족(한반도 주민)의 미래를 조망하는 시각이 다시 요구된다. 말하자면 보다 많은 논의와 이견의 제출을 전제로, 대한민국의 재발견을 통해 민족사의 정통성 문제가 해명될 필요가 있다. 과연 우리 한국현대사 백년이 배반의 역사인가? 성공의 신화인가?

• 민족사적 정통성

정통성 문제를 둘러싼 '인정(recognition) 투쟁'(지지/거부)은 분단시대의 정치적 '현실'로 강력한 힘(강압력 vs 저항력)을 발휘해왔다. 정통성은 궁극적으로 국가사회를 이끌어갈 규범적 가치와 실천적 역량의 상호관계 속에서 파악되어야 한다. 향후 누가 '통일 코리아'를 이끌어 갈 것이냐 하는 문제는 배제의 논리가 아닌 상호 포섭과 인정의 논리로 접근되는 방식이 바람직하다. 분단 극복과 통일 과업 앞에 서서 지금 새로운 통합적 인식으로 한반도를 바라보아야 할 때이다.

남북한 모두 미국과 소련 외세에 의한 '외삽국가'로 국가 수립 과정의 비자주성에도 불구하고 항일민족독립운동은 건국의 정통성을 가늠하는 거의 유일한 척도로 인식되어왔다. 여기서 항일독립운동세력의 배제·결락과 친일청산의 실패는 한국 사회의 '원죄 의식'으로 각인되었으며, 이 점은 항상 대한민국 정통성 문제의 아킬레스건이 되었다. 반면 북한 정권은 친일청산과 무관함에도 불구하고, 이 원죄 의식으로부터 상대적 자유를 누려왔다.

대한민국(남한)과 조선민주주의인민공화국(북한), 누가 민족사의 올바른 계승자인가? 21세기 국민국가(nation–state)의 정통성은 역사적 맥락, 정치체제의 정당성, 그리고 세계사 속의 미래 전망 등과의 관련 속에서 접근되어야 한다. 여기서 건국세력의 성격(과거), 민주주의와 국가 역량(현재), 그리고 체제 비전(미래)의 세 차원의 포괄적 접근이 바람직하다. 대한민국의 국가수립 과정에서 '정통성의 원죄 의식'이라 할 수 있는 친일반민족세력의 청산이 이루어지지 못했지만 상층부 건국 주도세력은, 이승만 반공냉전 정권에서 점차 배제되었지만, 대개 항일 민족운동세력이었다고 볼 수 있다. 이런 점에서 건국 주도세력과 민족사 정통 노선 차원에서 대한민국 건국세력에 대한 재평가가 이루어질 필요가 있다.

남북한 정통성 문제는 세 차원에서 접근될 필요가 있다. 즉, 역사적 사실과 관련된 건국주체의 성격, 국가의 존재 이유, 그리고 민족사의 담지(擔持) 역량 등의 세 측면에서 바라보아야 한다. 여기에 '1민족 2국가'의 분단국가 체제에서 민족사의 담지자로서 대한민국의 정통성을 재확인하면서 한반도 주민 전체를 아우르는 통합적 가치를 창출해야 한다.

• '성공 신화'의 파탄

역사적 과정과 역사적 결과의 측면에서 매우 조심해야 할 부분이 있다. 이를테면 결과론적 성과를 역사 평가의 척도로 삼는 '성공사관'이 그것이다. 결코 결과적 성과가 과정에서의 부정의와 부도덕 행위의 면죄부가 될 수는 없다는 말이다. 이런 점에서 폭력적 반공국가 구축에 의한 국가체제 확립, 그리고 근대화 과업의 성공을 국가 정통성의 핵심적 내용으로 주장하는 논리에 대한 성찰적 재검토가 필요하다. 승자의 논리는 역사적 '현실'이나, 정치적 승리와 권력 장악 그 자체가 국가 정통성의 필요충분조건은 아니다. 우리 사회의 보수우파 기득권 세력은 반공·반북과 적색 공포(Red Phobia)를 거의 이념 수준과 도덕 차원으로까지 격상시켜 친일 독재를 정당화하거나 비호하는 가치와 통치 규범으로 삼아 왔다.

바로 이 지점에서 우리는 이른바 '식민지근대화론'의 자가당착을 문제 삼지 않을 수 없다. '근대화'는 매우 논쟁적인 개념이다. 흔히 '근대화는 곧

서구화(modernization=westernization)'로 등식화된다. 16세기 이래 서구유럽 사회의 역사적 경험을 모방하고 그대로 따라가는 방식이 곧 비서구사회의 근대화 전략이었다. 근대화는 서구 유럽의 정치적, 법적, 경제적, 사회문화적 부문 등 모든 영역에 걸쳐 서구유럽식 제도, 가치, 규범, 생활 방식의 도입과 수용을 말한다. 비서구사회의 근대화는 두 가지 방식으로 나타났다. 하나는 '주체적 모방'의 근대화 전략이다. 다른 하나는 '강제적 이식'의 근대화 방식이다. '주체적 모방'은 일본의 근대화 전략으로, 비서구사회의 성공 사례는 오로지 일본뿐이다. 한국의 '식민지근대화'는 일본에 의한 '강제적 이식'이었다. 강제적 이식은 주체의 왜곡과 함께 극심한 사회적 분열을 낳는다. 탈식민지 시대를 맞이하면서 국가 건설과 근대화 방식을 둘러싸고 사회적 혼란과 정치적 분열을 겪게 된다.

식민지근대화론은 통계적 방식을 근거로 일제 강점기 조선 경제가 고도성장을 했고, 그 과정에서 조선인 경제도 매우 빠르게 성장했다고 주장한다. 그러나 일본이 조선을 지배함으로써 오히려 조선의 실질적 근대화는 왜곡되고 발전은 지체되고 말았던 측면도 무시할 수 없을 것이다. 식민지 체제하의 근대화는 매우 왜곡된 것이었고, 진정한 의미에서 근대화가 이루어지기 어려웠다. 일제 강점기 조선인은 정치적으로는 무권리, 사회적으로는 계층 간 격차와 함께 민족 차별과 억압도 엄청났다. 일제는 문화적으로는 조선의 말, 글, 역사를 빼앗고 민족혼마저 말살하려 들었다. 정치적, 사회적, 문화적 측면에서 식민지 시대 '근대화'를 감히 말할 지경이 못 되었다.

식민지근대화론은 보편적 이론 수준에서 큰 함정이 있다. 식민지 경험 국가 가운데 근대화에 성공한 사례는 세계적으로 우리 한국이 거의 유일하다고 할 수 있다. 식민지를 경험한 비서구의 제3세계 즉 인도, 버마, 라틴아메리카, 아프리카 등의 국가들은 식민지 시대 영국과 프랑스 등 식민모국으로부터, 물론 강제적인 방식이지만, 근대화를 수용하지 않았다고 볼 수는 없다. 그들은 실패했고, 한국은 성공했다. 식민지근대화론이 보편적 타당성을 획득하려면 피(被)식민국 모두가 제국주의 식민모국의 강제 이식을 통한 근대화의 성공 사례가 되어야 한다. 비서구사회의 식민지 경험이 오히려 개별 국가의 근대화를 왜곡·좌절시키는 요인이라고 볼 수 있다. 식민지근대화론은 '진보적' 발전사관의 독특한 형태를 반영한다. 이는 서구 제국주의가 침탈한 식민지는 도덕적 차원에서 평가하기보다는 비서구사회가 문명사회로 나아가는데 불가피한 코스였으며, 더욱이 식민지 경험이 서구 제국주의가 이끄는 근대화의 기회로 볼 수 있다는 인식이다. 그럼에도 식민지를 경험한 대부분의 국가는 근대화에 실패했고, 한국만이 성공했다.

그렇다면 한국 근대화의 성공 요인은 무엇인가? 여기에는 주객관적 요인이 있다. 우선 근대화 성공의 주체적 요인은 우리 내부에서 찾을 수 있다. 이는 결코 다른 데서 찾을 수 없다. 근대화 성공은 바로 우리의 '집단의지와 열정'의 소산이다. 우리 국민은 하루도 국권 상실기의 식민지 치욕을 잊지 않았고, '역사 민족'으로서의 자긍심이 폐허와 가난을 극복하고 자랑스러운 나라를 만들겠다는 집단의지로 결집될 수 있었다. 지난 시기 '엘리트통치층, 기업가 그리고 국민 대중' 모두가 혼연일체로 폐허에서 일어서고자 한 집단의지와 열정이 한국의 성공적인 근대화를 일구어냈다. 이런 사례는 세계사 어디에서도 찾아볼 수 없다. 그와 함께 한국은 세계사적 기운에 슬기롭게 부응했다. 세계적 냉전체제의 최대의 피해자였지만,

냉전체제의 전방 보루로서 미국이 주도한 자유무역체제의 수혜자였다. 이런 점에서 '초청에 의한 상승(uprising by invitation)'이라는 측면도 있지만, 자유무역체제의 국제적 환경에 적극적으로 대응한 발전전략이 한국근대화를 성공적으로 이끈 요인이었다. 덧붙인다면, 한국의 개발연대의 시기에 중국이 내부진통을 겪으면서 본격적인 개혁·개방과 세계시장 진출의 지체가 한국의 세계시장 접근에 우호적인 국면을 제공했다. 특히, 한국의 성공에 한미동맹의 역할과 가치를 외면할 수 없다. 한미동맹으로 안보 비용의 절감을 통해 경제 건설의 기회비용으로 활용될 수 있었다. 북한이 엄청난 국방안보비용으로 결국 국가 파산 지경에 이른 현실과 대조되는 측면이다.

식민지근대화론은 한국의 '성공 신화'의 결과론적 사관에 입각하여 한국의 경제적 성공의 토대로 식민지 시기의 개발과 근대화를 내세운 논리로, 보수우파와 기득권층의 역사관의 토대를 제공했다. 그러나 식민지근대화론은 학문외적 차원에서 '의도하지 못한' 정치적 갈등과 많은 문제를 드러냈다. 정치적, 문화적, 사회심리학적 폐해가 엄청나다. 통계의 함정에만 빠지지 않고 보다 절제된 방식으로 접근되지 않는다면, 식민지근대화론은 절대로 의도하지 않았지만 항일 민족운동의 의의와 가치를 폄훼하는 결과를 초래할 수 있다. 불의에 분노하고 폭압적·야만적 억압과 수탈에 저항하는 용기와 결단을 외면하고 냉소적으로 바라보는 지극히 비인간적인 행태에 빠져들기 때문이다. 나아가 친일·부일(附日) 행위를 정당화하고 합리화하는 그야말로 '혼이 비정상적인' 사람들이 정치, 사회, 문화예술 분야의 지도층으로 군림하면서 큰소리치는 세상, '배반의 역사'를 만들어놓았다.

최근 우리 사회에서 이러한 결과론적 '성공의 역사'를 강조해온 부패·탐욕의 기득권층과 수구세력은 마침내 2016~2017년의 '촛불시민'에 의해 도덕적·정치적 파탄을 초래하고 말았다. 이야말로 준엄한 '역사의 경고'가 아니고 무엇이겠는가?

(2) '역사의 정치화'를 넘어

역사는 '과거와 현재의 끊임없는 대화'라고 할 수 있다. 모든 사회 구성원이 특정한 역사적 사실(fact)을 동일한 폭과 깊이로 이해할 수는 없다. 한국현대사 해석의 문제 또는 현대사의 특정한 사실에 대한 이해와 해석도 마찬가지다. 인간의 기억은 개별적 사실이 퇴적되어 보존된 결과가 아니라 현재와의 관계 속에서 끊임없이 생성·변화하는 특성이 있다. 이는 '기억의 유동'이라고 할 수 있다. 한국 근현대 백년사를 정리할 경우 항상 특정한 역사적 사건에 대한 '기억의 유동'을 문제 삼으면서, 마치 '진실 게임'하듯 사실관계 즉, 팩트(fact)를 검증하지 않으면 안 된다. 그러나 역사 해석에 특정 이념이나 가치 개입이 전제되어 있다면 팩트 검증은 아무런 의미가 없다. 팩트 자체는 이념적 정당화의 도구로 활용될 뿐이기 때문이다. 한국현대사 백년 앞에서는 '역사의 정치화와 이데올로기화'를 경계해야 한다. 그러나 지금 이 순간 역사가 또 다른 '정치투쟁의 장(場 terrain)'이 되는 안타까운 현실을 지적하지 않을 수 없다.

• 민족해방(NL) 역사관 넘어

한국근현대사를 민중사와 민족해방투쟁을 중심으로 접근하는 좌파의 논리를 주시할 필요가 있다. 1980년대 민주화 시대 수정주의 사관과 민중사는 기존의 주류 역사 해석에 반전을 기했다. 민중사는 왕조사나 지배계층 중심의 접근과 달리 피억압 민(民)을 역사 주체로 파악했다는 점에서 신선한 충격으로 다가왔다. 봉건 압제나 외세 침탈에 대한 저항의 가치를 부각한 '아래로부터'의 역사관은 충분히 존중되어야 한다. 그럼에도 이러한 민중사는 두 측면에서 문제를 드러냈다. 하나는 '저항의 역사'에만 매몰되어 미래에 대한 비전 모색의 한계를 노정할 수밖에 없었다. 즉, 저항을 넘어 새로운 국가건설의 대안 제시가 나타나기 어렵다는 데 문제가 있다. 다른 하나는 일국사(一國史) 중심의 한계를 지적할 수 있는데, 이 경우 다양한 외적 요인의 규정력과 성격에 대한 냉정하고 객관적인 이해가 배제될 수밖에 없다. 서세동점의 세계사에 편입된 이래 강대국 패권국가들의 전략과 국제정세에 대한 분석적 이해 부족은 곧장 '반외세=자주'의 가치를 내세우는 맹목성을 드러내게 된다. '자주'는 21세기 정치학에서 사라진 지 오래된 폐어(廢語)에 불과하다. 정치, 경제, 안보, 문화 등 거의 모든 영역에서 상호연결 메커니즘의 국제관계에서 자폐증적 자주는 국가의 미래를 거부하는 일이다.

20세기 가장 탁월한 역사학자로 꼽히는 영국의 마르크스주의 역사학자 홉스봄(Eric J. Hobsbawm)이『원초적 반란』에서 19C 말~20C 초에 걸쳐 비유럽의 주변부 국가들에서 나타난 다양한 민중반란은 다루었는데, 이는 제국주의 침탈 시대의 한국 근현대사를 이해에 많은 점을 시사한다.[14]

14 에릭 홉스봄, 진철승 옮김,『반란의 원초적 형태』(*Primitive Rebels-Studies in Archaic Forms of Social Movement in the 19th and 20th Centuries*)(서울: 온누리, 2011)

저항 민족주의, 의적, 민중반란 등 자본주의적 발전 과정에서 유럽 변방과 아시아 및 라틴아메리카의 침탈당하는 지역에서 나타난 민중운동의 다양한 형태를 분석했다. 반제투쟁, 반근대화 투쟁이었던 민중운동은 대개 실패했다. 그러나 민중운동의 의미와 민중의 저항정신에 대한 홉스봄의 따뜻한 눈길이 우리의 감동을 자아낸다. 한국근현대사를 보는 우리의 입장도 그렇다. 따뜻한 눈길과 냉정한 평가는 엄연히 구분되지 않으면 안 된다.

1980년대 민주화운동 시기에 사회주의적 계급혁명(PD: People's Democracy)과 민족해방(NL: National Liberation) 이데올로기가 크게 부각되었는데, 사회주의 체제의 붕괴로 마침내 NL이 득세하면서 '반외세 자주' 이념이 헤게모니를 장악하게 되었다. 사회주의 몰락의 사상적 폐허 속에 민족해방(NL)의 득세는 지성과 합리주의의 패배였다. NL의 반(反)지성주의는 마침 그즈음 우리 사회 한 편에서 북한 김일성 중심의 과대평가된(왜곡) 항일무장투쟁론을 무비판적으로 수용하여, 이를 한국근현대사의 중심 가치로 바라보면서 결국 '정상적인 사고'에서 벗어나고 말았다. 그리하여 민족해방(NL) 논리와 주체사관·주체사상이 거의 일체화되면서 맹목적·전투적인 반외세 논리가 민주화 과정에 녹아들기 시작했다.

그런데 문제는 여기서 그치지 않았다는 데에 있다. 이러한 NL의 '자주' 즉, '반외세=반미·반일' 논리가 지금까지도 상당 부분 한국 정치의 논리, 역사 인식, 사회문화적 의식 체계에 깊이 스며들었으며, 나아가 정책결정 과정에도 영향을 미치고 있다는 의혹을 불식시키기가 매우 어려운 상황이다. 더욱이 자유, 인권, 민주주의 등 문명사회의 보편적 가치와 규범을

참조.

거부하고 있는 북한체제에 대해 문제 삼지 않을 뿐만 아니라, 북한 주민의 인간다운 삶과 존엄성을 철저히 외면하는 수령체제에 대한 이성적·합리적 이해와 접근을 거부하는 논리로 작용해왔다. 한반도 평화와 통일로 나아가는 길에 남북한의 과거·현재·미래를 당대의 세계정세에 대한 이해의 기반 위에서 어느 쪽으로 치우치지 않고 균형적으로 접근해야 한다. 편향된 이념적 접근을 넘어 보다 냉정하고 균형적으로 바라보는 성찰적 태도가 절실히 요구된다.

분단의 싹은 일제 강점기 항일 무장독립투쟁의 와해와 한계로부터 비롯되었다. 그러나 이 모든 좌절과 오욕의 역사를 청산하고 한민족의 미래를 활짝 여는 길은 통일에서 찾을 수 있다. 한반도 통일은 만주 광야를 달리던 드높은 기개를 되찾는 일이요, 서세동점의 제국주의 시대의 굴욕을 말끔히 씻어내는 일이다. 독립 조국의 꿈을 안고 산화한 선열의 피에 보답하는 길이다.

한국현대사는 해방 후 냉전시대 분단체제 아래서 국가건설 과정을 거쳐 산업화를 성취하면서 마침내 민주화를 달성하였다.[15] 한국현대사 70

15 김일영이 한국현대사를 수정주의자들 및 386(086)세대의 역사해석과 다른 맥락에서 이승만·박정희 시대를 재조명하였다. 즉, "분단과정을 냉전의 세계사적 전개라는 차원에서 접근하면서, 단정은 냉전질서하에서 현실성이 있는 차선의 선택이었다. … 1950년대는 단지 불임의 시기가 아니었고, 1960년대 이후의 발전과 역동성을 준비하는 맹아의 시기였다.… 박정희 정권의 경제적 성공을 이끈 발전국가는 권위주의적이었지만, 세계사적으로 산업화 초기 단계에서 민주주의와 경제발전을 성공적으로 병행 추진한 나라는 찾기 어렵다"고 주장하였다. 『건국과 부국』(서울: 기파랑, 2010), 13-16쪽.

※ 이 글은 〈동학민족통일회 시민강좌〉(2019.7.24), "3·1운동과 한국현대사 전개과정을 보는 눈" 강의안을 보완한 원고입니다.

여 년 동안 해방과 분단, 건국(정부 수립), 전쟁, 분단 공고화 속의 체제 대결 과정을 겪으면서 한국은 세계의 변방 국가에서 매우 역동적이고 주목받는 국가로 우뚝 섰다. 그러나 건국과 정부 수립 과정에서 국가 주도의 반공테러는 결코 용납되어서는 안 되며 지속적으로 밝혀져야 한다. 또한 개발연대의 권위주의적 폭압과 반민주적 과오들은 충분히 비판되어야 한다.

19세기 후반 자주적 근대국가 수립의 실패, 20세기 식민지 굴욕, 전쟁과 폐허… 이 암울했던 역사 위에서 그야말로 폐허와 적수공권의 빈손으로 오늘의 한국을 일구어왔다. 이제 우리는 수난과 역경의 역사를 넘어 21세기에는 북한 동포와 더불어 8천만 한(조선)민족의 미래를 일구어 나가야 한다. 평화롭고 자유로운 통일코리아를 만들어 안으로는 '고르게 잘 사는' 나라를, 밖으로는 우리보다 어려운 나라에 기여하고 도와주는 아름다운 나라를 만들어 나가야 한다. 우리 모두 통일의 길에 함께 나서야 한다. 통일에 함께 나서는 일이야말로 3·1운동 이래 독립투쟁 과정에서 피 흘린 선열, 그분들의 고귀한 영령 앞에 부끄럽지 않은 길이며 새로운 백년을 여는 길이다.

에필로그

대한민국 정부 수립 후 한국 정치사는 공화주의의 실질적 구현 또는 공화정 수립 차원에서 특별한 성취를 이뤄내지 못했다. 이런 점에서 공화주의는 미완의 과제이자, 우리가 추구해야할 헌법적 가치라고 할 수 있다.

공화주의에 대한 관심과 새로운 인식은 민주화시대 이후에 제기되는 문제라는 점에서 참으로 역설적이다. 이는 민주화시대 이후의 민주주의가 제대로 작동하지 않고 오히려 한국 정치에서 민주주의가 급격히 퇴행하고 있는 현실을 말해준다. 지금 민주주의는 세계 도처에서 무너지고 있는 중이다. 21세기 민주주의의 붕괴는 미국과 선진 유럽을 비롯하여 중남미 지역 등 글로벌한 현상으로 나타나고 있다. 민주주의의 붕괴는 총칼이 아니라 투표함에서 시작된다. 이처럼 민주주의는 냉전시대의 과거와는 달리 군부 쿠데타가 아닌 선거에 의해 '선출된 독재자'에 의해 죽음에 이르고 있다. 선출된 독재자는 대중동원의 포퓰리즘을 통해 그야말로 '민주적이고 합법적인' 방식으로 민주주의를 전복시킨다.[16]

민주주의의 붕괴가 비록 글로벌한 현상이라고 하더라도, 한국 사회에서 반세기 이상 민주화를 향한 도전과 희생의 역정(歷程)을 돌아본다면 한국 민주주의의 퇴행은 무척 부끄러운 일이 아닐 수 없다. 여기서 한국 민주주의의 붕괴를 민주주의와 함께 가야 할 공화주의의 부재에서 찾을 수 있다고 생각한다. 한국 사회의 진영논리와 이분법 정치는 민주화의 성취를 형해화(形骸化)시키고 말았다. 지역과 이념으로 철저히 두 쪽으로 갈라진 한국 사회에서 관용과 공존의 가치가 사라졌다. '내 편, 네 편', '선과 악' 구도에서 정치는 '총성 없는 내전' 상황에 빠져들었고, 집권과 탈권을 위한 선거공학만이 민주주의의 제도적 허울을 뒤집어쓰고 있는 현실이다.

민주주의는 국민이 주인 되는 정치를 의미한다. 민주주의는 개개인의 삶의 태도, 공동체의 운영 원리 및 방식, 그리고 다수의 지배의 세 차원에서 구현된다. 특히, 지배유형인 '다수의 지배'(rule of majority)가 정치적 민주주의의 요체이다. 물론 '다수의 지배' 즉, 민주정은 전제군주정이나 독재체제를 거부한다. '다수의 지배'가 반드시 옳은 것은 아니며 중우정치로 타락할 우려가 있지만 민주정을 대체할만한 새로운 지배유형을 발견하기는 어렵다. 그런 점에서 지금까지 민주주의는 인류사의 보편적이고 불가역적인 추세로 여겨졌다.

공화주의는 민주주의의 한계를 보완할 수 있다. 민주주의와 공화주의가 서로 조화를 이룰 때 헌법적 가치인 민주공화국의 이념이 올바르게 되살아날 수 있다. 요컨대 민주공화국은 민주주의와 공화주의의 '조화·통합(ensemble)'이다. 현대의 민주주의는 주권재민의 원리 위에서 통치층을 국민의 손으로 직접 뽑는 '선거 민주주의'로 구현되고 있다. 민주주의는 국민이 정치적 주체가 되는 지배유형이지만 많은 경우 선출된 통치층이 국민의 의사와 바람을 왜곡하고 스스로 지배자가 되고 주인이 되어 국정을 농단하여 국가사회를 위기에 빠뜨린다.

공화주의는 ① '비지배적(non–domination)' 자유, ② 권력 분산, ③ 법의 지배(법치주의), ④ 공공선, ⑤ 시민적 덕성(civile virtu) 등을 핵심적 가치로 내세우고 있다. 여기서 공화주의의 구현을 위해 권력분산과 법치를 주목해야 한다. 공화주의를 구현하는 공화국은 일반적으로 법과 공공선에 기반을 둔 주권자인 시민(국민)들의 정치공동체를 의미한다. 참된 공화국은 공화주의의 핵심 가치가 제도적 차원에서나 규범적 차원에서나 올바르게 구현되는 상태이어야 한다. 특히, 제도적 차원에서나 규범적 차원에서 반드시 권력분산과 법치가 이루어져야 한다. 특히 사법부의 실질적 독립이

---

16 조민, "민주공화국: '통합과 공존의 정치' 구현." 21세기공화주의클럽 지음, 『21세기 공화주의』(고양: 인간사랑, 2019), 97–102쪽.

보장되어야 하며, 법의 사유화(rule by law)가 아닌 '법의 지배(rule of law)'가 이루어져야 한다. 대한민국 헌법 제1조 ②항 "대한민국의 주권은 국민에게 있고, 모든 권력은 국민으로부터 나온다."는 조항은 주권재민의 원리를 천명하고 있다. 이처럼 민주정이 독특한 지배유형이라면, 공화정은 민주정의 원리 위에서 국정 운영을 위한 통치층의 소임이자 덕목이라고 할 수 있다. 이제 우리가 맞이할 새로운 백년은 민주공화국의 헌법적 가치 속에서 '더 크고 아름다운' 통일코리아를 앞당기는 일이다.

5장 전통사상의 공화주의적 민주시민교육에서의 활용[1]

함규진(서울교육대학교 교수)

1. 들어가며

'전통'이란 다양한 의미를 지닐 수 있으나, 현대 교육학 분야에서 볼 때는 "근본이 단절되지 않고 계속해서 이어진다는 의미"(장승희, 2013: 247)로, '전통윤리'란 "과거로부터 존재하여 현재에 이르렀고, 또한 미래로 이어져

1 이 글은 필자가 "전통사상의 민주시민교육에서의 활용"이라는 제목으로 『인격교육』 제14권 1호(2020.02)에 게재한 논문을 공화주의적 입장에서 수정 보완한 것이다.

야 할, 사람으로서 마땅히 지켜야 할 도리"(교육인적자원부, 2015)로 정의되는 경우가 많다.

그런데 '전통'이란 '현대'와 대립시켰을 때만 포착된다. 따라서 '현재까지 이어지는 흐름'이면서 '현대와는 이질적인 존재'이다. 후자의 의미에 집중했을 때 '모든 전통은 만들어진 전통'이라는 분석도 타당성을 띤다. 다시 말해서 전통을 교육학적으로 볼 때, 그것은 과거로부터 비롯되는 것이되, 현대의 우리가 주체적으로 '선별'하고 '활용'함으로써 의미가 있게 되는 그 무엇이다.

전통의 교육적 활용은 대개 '도덕교육', 또는 '인성교육' 분야에서 많이 논의되었으나, (민주)시민교육의 분야에서 논의해볼 수도 있다. 전통을 현대 민주사회에서 활용할 수 있다, 나아가 활용해야만 한다는 주장은 크게 두 가지로 구분할 수 있다. 하나는 '전통은 한국인과 한국사회의 정체성을 서구의 그것과는 전혀 다르게 오늘날에도 규정하고 있다. 따라서 서구와는 다른 정치를 지향해야 한다'는 주장이다. 다른 하나는 '전통에는 오늘날 정치에도 활용할 수 있는 장점과 중요한 가치가 내재되어 있다'는 주장이다.

첫 번째 주장은 가령 서구 민주주의에 대해 '아시아적 가치(Asian Value)'가 양립할 수 있으며, 따라서 (동)아시아에서는 서구 민주주의의 틀을 그대로 받아들여 보았자 효과적일 수 없고, (동)아시아적 전통 정치에 보다 근거한 정치체제가 적합하다는 주장들로 구현된다. 대표적으로 '김대중–리콴유 논쟁'으로 주목받았던 '아시아적 가치'란 민주주의를 서구 고유의 문화적 전통에서만 유의미한 정치이념–제도로 보며, 서구와 크게 다른 문화적 전통을 가진 동아시아에서는 당연히 민주주의와 다른 정치이념–제도가 필요하다는 입장을 대변한다(김대중 외, 1999). 그렇다고 자의적 독재를 포함한 권위주의 체제가 지향할 대상은 아니며, 민본(民本), 위민(爲民) 이념에 투철한 정치 엘리트들이 선도하고, 대중은 이에 순응하되 정치 엘리트가 타락하여 자의적, 반민본적 독재의 형태를 띠면 비판하고, 나아가 저항할 수 있다. 말하자면 아시아적 가치를 지향하는 정치는 민주주의와 완전히 대립적이지는 않다. 다만 민주주의의 '자치(autocracy)' 이념 대신 '적합한 자에 의한 호민(guardianship)'을 핵심에 놓는다는 점에서 '서구적 가치에 따른 민주주의'와는 구별된다고 볼 수 있다.

장칭(莊慶)의 '동아시아 독자 정치론'도 이와 같은 맥락이다. 그는 동아시아의 오랜 집단적 경험과 문화가 서구 민주주의를 비효과적이게 만든다면서, 전통 유학의 '성왕론(聖王論)'을 동아시아 정치이념–제도의 올바른 대안이라고 주장했다(Jang Qing, 2013: 13–32).

한편 두 번째 주장의 예로는 '김대중–리콴유 논쟁'에서 '화백(和白)이나 상소 등, 동아시아의 전통에도 민주주의적 요소를 충분히 발견할 수 있다'는 김대중의 입장(김대중 외, 1999: 23–40)을 비롯하여 서구의 '자유민주주의'란 민주주의라는 본질적 토대에 서구적 가치인 '자유'를 덧붙인 것이며, 동아시아에서는 특유의 '유교민주주의'가 가능하다는 20세기 말을 전후한 한국 정치사상가들의 주장, 그리고 가령 '하늘(天)이 군주에게 백성의 복리를 맡겼다'는 전통 동아시아 고전의 수사(修辭)에서 '실질적인 국민주권론'을 이끌어내는 등, 민주와 민본의 차이를 '실용주의적'으로 무시하는 식으로 서로 다른 사상적 전통을 동일시하는 접근법(이상익, 2004) 등을 들 수 있다.

이러한 접근법들은 저마다 한계가 있다. 전자는 이론적으로 '개인의 존엄성과 자유'에 근거하는 민주주의의 본질을 외면하고도 민주주의로 분류하기 가능한 '권위주의'를 상정한다는 문제점, 그리고 오늘날 민주주의가 '유일한 대안'으로 여겨지게 된 까닭, 다시 말해서 '권력의 차등성을 근본적 동등성으로 합리화하려면 다만 이론만이 아니라 실질적인 권력 역학(power dynamics)에 대한 고려가 필요하다'는 오랜 역사 속에서의 교훈을 무시한다는 문제점을 회피할 수 없다. 그리고 후자는 전자의 경우 솔직하게 지적하고 있는 '서로 다른 문화, 논리에 따른 피할 수 없는 이질성'을 억지로 무시하고 있다는 비판에 설득력 있게 변명할 수 없다.

결국 서구 문화와 역사에서 유래했든 아니든, 우리는 민주주의를 논할 때 어떤 '보편적인' 이념-제도를 상정하고 그에 비추어 한 사회의 민주주의 발전 또는 퇴보를 논의해야 한다. 그렇지만 결국 민주주의도 인간 사회에서 형성된 구성물이 틀림없을진대, 서구냐, 동아시아냐 등의 문화적, 전통적 배경에 따른 효과성이나 효율성을 논의해야 함은 충분한 타당성이 있다. 따라서 우리는 동아시아 내지 한국이라는 문화적 '전통'을 배경으로 할 때, 민주주의가 '지금 바로 여기' 더 잘 적용되고 이상적 발전에 가까워질 수 있는 조건으로서의 문화적 전통을 논의할 필요가 있으며, 이에 따라 전통적 조건을 고려한 민주시민교육을 고려할 필요가 있다.

그렇다면 오늘날 한국에서의 민주시민교육에 적합한 전통은 어떤 것이어야 할까? 첫째, 개인의 도덕적 도야만이 아니라 시민으로서 적절한 의식과 행동방식을 습득하기에 도움이 되는 전통이라야 한다. 둘째, 현대 민주주의 제도-이념과 배치되지 않으며, 오히려 친화성 또는 보완성이 기대될 수 있는 전통이어야 한다. 셋째, 단지 일부 학자들의 고안에 따른 관념의 집합이 아니고, 사회 구성원 전반의 의식과 행동에 배경적인(permissible)

요인으로 작용이 가능한 전통이어야 한다.

2. 전통사상과 민주시민교육의 접목-공화주의의 필요성

(1) 전통사상과 민주시민교육의 접목 시도

전통에서 현대 시민교육에서 활용할 요소 내지 정신을 찾으려는 종전의 시도는 그리 흔치 않다. 김호성(2001)은 전통사상과 민주주의가 상통하는 경우를 찾아서 이에 입각한 교육방법론을 개발해야 한다고 보았다. 그는

① 민간신앙과 민주주의: 홍익인간, 대승적 가치
② 유교와 민주주의: 政者正也, 政以正民, 修己以安民, 絜矩之道, 大同思想
③ 불교와 민주주의: 호국사상, 一體萬物悉有佛性
④ 도교와 민주주의: 不爭之德, 非戰思想, 자연과의 조화
⑤ 신흥종교와 민주주의: 人乃天, 法身佛一圓相, 人尊思想

으로 그러한 경우를 제시하고, 이밖에 전래종교인 기독교 등과 민주주의도 연구해야 한다고 하였다(김호성, 2001: 341). 이런 접근은 '전통사상은 종교로만 풀이되는가?' '대승적 가치나 자연과의 조화 등은 엄밀하게 정의될 수 있는가?' '一體萬物悉有佛性이나 不爭之德 같은 것이 과연 민주주의와 본질적으로 연결되는가?' 등등 여러 가지 의문의 대상이 될 수 있다. 그

러나 가장 근본적으로 政者正也, 絜矩之道처럼 어떤 특정 사상체계(심지어 사상가 개인)의 특수 명제를 그대로 일반적 민주주의 문화와 이념에 적용하려는 접근이므로, 앞서 규정한 대로 '모든' 사람들의 사고와 행동 저변에 작용할 수 있는 기제로서의 시민교육적 요소로는 적합하지 않다. 마치 '칸트의 물자체, 헤겔의 이성의 간지, 니체의 영겁회귀 등을 현대 시민교육에 활용한다'는 주장과 같은 것이다.

이에 비해 전통사상에서 일정한 덕목(virtue)을 추출하고, 이를 현대적 맥락에 맞게 재해석하여 교육 주제로 설정하자는 접근이 있다. 인성교육진흥법에서 '핵심 가치'를 "예(禮), 효(孝), 정직, 책임, 존중, 배려, 소통, 협동" 8가지로 제시하면서 전통 관념인 예와 효를 서구 문화에서 유래된 다른 덕목들과 병렬한 것이 가장 두드러진 예다(인성교육진흥법). 다만 이는 인성교육이며, 시민교육의 경우에는 아직 그 정도의 공식화 과정이 없는데, 선행연구를 보면 박병기 외(2013)의 연구에서 전통적 덕목들이 현대인(청소년)들에게 어떻게 이해 및 수용되고 있는지를 조사한 경우가 이런 접근법을 시민교육 분야에서 취한 대표적 사례라고 할 수 있다. "전통적 가치와 시민의식"이라는 주제를 내건 이 연구에서 연구자들은 100여 개의 '가치대상'들을 제시하고 설문 대상자들이 이들에 대해 어느 정도 반응하는지를 조사 분석했다.

그에 따르면 응답자들은 전통적 가치에 대해 상당히 긍정하고 있으며, 사회 발전에도 그런 가치들이 기여할 수 있다고 보고 있다(박병기 외, 2013: 54). 그러나 "시민의식과의 교집합은 매우 낮은 것으로 보인다"(박병기 외, 2013: 56)고 덧붙이는데, 이 연구 결과에서 인지도와 선호도가 특히 높은 것으로 나온 전통적 가치가 '충효(忠孝)', '생명존중', '경로(敬老)정신' 등이라 시민의식의 가치, 덕목과는 동떨어져 있다 여겨졌기 때문이다(박병기 외, 2013: 47).

이런 접근은 앞서의 접근이 특정한 학파 또는 개인의 사상체계를 기준으로 삼은 반면 다수의 사고와 행동에서 나타나는 공통적 현상을 기준으로 보았다는 점에서 앞서의 규정과 가깝다. 그러나 덕목이란 (개인의) 특정 행동의 기준이 된다는 점에서 구체적인 행동 규정이 가능해야 한다. 그렇지만 미덕이란 본래 그런 점이 있거니와, 전통적–동양적 미덕은 현대적 맥락에서 '과연 이 행동은 덕스러운 행동인가?'를 구분해줄 명확성이 매우 떨어진다. 가령, 설날이나 추석에 전통적인 의식대로의 제사를 간소화하기로 한다면, 그것은 효와 예에 합당한가, 합당하지 않은가? 더구나 전통적 미덕을 긍정한다는 의식은 학교 교육 등을 통한 막연한 의식으로 의심할 수 있으며, 그것이 얼마나 실생활에 반영되고 재현되고 있는지는 별개의 문제로 볼 수 있다. 특히 인성교육을 넘어 시민교육, 시민의식, 시민덕을 논의할 때 "시민의식과의 교집합이 매우 낮은 것으로 보인다"는 조사결과는 중대한 문제를 내포한다.

그러므로 평범한 사람들의 일상에서 자연스러운 의식과 행동으로 나타날 수 있는, 그리고 그것이 시민적 의식과 행동으로 한정될 경우의 전통은 심성보(2018)의 연구에서 좀 더 가깝게 접근할 수 있다.

심성보는 전통과 시민교육을 직접 연결짓지는 않되, '인성교육과 시민교육의 연결'이라는 주제로 "'정직한' 인성교육도 필요하지만, '정의로운' 시민교육도 해야 한다"는 입장을 제시했다(심성보, 2018: 276). 그에 따르면 시민교육은 현대 민주국가에서 필수적인 교육인데, 다만 그에 앞서 '먼저 인간이 되어야 한다.' 즉, "사람다움(humanity)/인격성(character)을 토대로 하여 그 위에 시민다움(civility, citizenship)/정치성(politics)의 가치를 쌓아올리는"(심성보, 2018: 276) 일이 필요하다. 그리고 전자의 과정, 말하자면 인성교육의 과정에서 전통적 가치와 덕성이 의미를 갖게 된다(심성보, 2018: 276).

이러한 접근법은 전통이 사회 구성원 일반의 의식과 행동에 영향을 미칠 수 있음을 공인하는 한편, 전통이 '일반적' 시민교육과 연결될 구체적 기제를 마련했다는 점에서 이전의 연구보다 더 큰 의의를 찾을 수 있다. 다만 실제 교육 과정에서 '선 (전통이 포함된)인성교육, 후 시민교육'이라는 도식이 곧이곧대로 적용될 수 있을까? 또한 이렇게 보면 시민교육은 전혀 비전통적인(다시 말해서, 서구적인) 교육이며, 시민교육 입장에서 보자면 인성교육은 '실제 교육이 이뤄지기 전의 도입 교육'처럼 되어버릴 수 있다. 그리고 그것은 '(민주)시민교육이란 결국 한국인으로서의 문화와 정체성을 가진 사람에게는 본질적으로 부적합한 교육이다'라는 명제까지 이어질 소지가 있다.

따라서 우리는 앞서 제시한 대로 실제 전통 가운데서 오늘날 한국 사회의 민주시민교육에 '직접' 활용 가능한 요소를 찾아내야 하는데, 그것은 絜矩之道처럼 비대중적이고 추상적인 개념도, 禮처럼 대중적이기는 해도(인지도, 막연한 가치 부여 등에서) 실제 구체적인 시민 의식과 행동을 촉발하기에는 모호함이 있는 덕목도 아닌 '정신(spirit)'이라야 할 것이다. '정신'이란 '전통'보다도 학술적으로 모호한 개념이기는 하다. 그러나 '사상'이 "논리적 정합성을 가진 통일된 판단 체계"(네이버국어사전)로서 대체로 특정 개인이나 학파에 의해, 고도로 지적인 작업을 거쳐 구축되는 '의미구성물'이라면 '통념'은 "사회 일반에 널리 퍼져 있는 공통된 사고방식"(네이버국어사전)으로 보다 모호하고 가변적이며 비체계적인 의미구성물(네이버국어사

전)이다. '정신'은 그 가운데에 있는, 또는 사상과 통념의 혼합체로서 "마음의 자세나 태도"를 의미하는데, 결국 특정 사상가나 학파의 사상에 어느 정도 영향을 받으면서도 그 실체에 엄밀히 충실하기보다 오랫동안, 공동체 전반적으로 통념화된 정신문화로서 개인의 의식과 행동에 실질적 영향을 미치는 의미구성물을 우리는 '정신'이라고 칭하고, 그런 정신들 가운데 시민교육에 기여할 수 있는 전통적 정신을 찾아내려 한다.

(2) 지향해야 할 민주시민교육의 성격: 공화주의의 기조

어떤 민주시민교육을 지금, 여기에서 지향해야 할 것인가? 각 국가, 문화권마다 시민교육의 형태와 접근법, 철학은 다른 식으로 형성되어왔다(심성보, 2011). 따라서 시민교육의 철학이나 지향성도 다양하다. 시민의식의 경우, 핀란드의 공식 시민교육 목표인 '시민교육의 육성 목표 시민의식'을 들 수 있다. 정체성(identity), 참여(participation), 상호작용(interaction), 배려(caring)로 이루어져 있다(심성보, 2011: 426–429). 민주사회의 정치적 주체로 긍정적으로 활동할 수 있는 시민이 되려면 먼저 공동체 내에서 스스로의 정체성을 바로 확립할 필요가 있다. 그리고 그 정체성을 바탕으로 사회현실에 직접 참여하여 스스로의 힘으로 문제를 해결하려 해야 한다. 그러나 자신의 힘만으로 문제를 해결하기란 어렵고 같은 사안을 두고 다양한 의견과 접근법이 있을 수 있다. 따라서 타인과 합리적이고 평화적인 상호작용을 하려는 자세 또한 필요하다. 마지막으로 타인의 입장과 이해관계, 지역사회의 특성과 집합적 이해관계를 배려할 줄 알아야 한다. 마지막의 의식은 나아가 국가와 세계에 대한 배려로도 확장될 수 있다.

다음으로 시민 행동의 경우, 여러 나라에서 현대 민주사회의 특징으로 시민들의 정치적 무관심과 정치 불참이 문제시되고 있다. 따라서 많은 정치 참여가 좋은 시민 행동 지표로 여겨지는 경향이 있다. 하지만 오페와 프로이스(Claus Offe and Ulrich Preuss)는 정치 참여율이 무조건 높다고 좋은 정치를 의미하지 않는다고 본다. 일반 대중은 복잡한 사안을 신중하게 검토하고 판단하기에 필요한 정보와 지식이 부족하며, 가짜뉴스나 감정적 선동에 휩쓸리기 쉽다. 따라서 현명하지 못한 정치적 의사결정을 초래할 수 있다는 것이다. 이것은 고대 아테네의 데마고그 정치에서부터 대중동원에 근거한 전체주의, 오늘날의 포퓰리즘에 이르기까지 일관되게 우려되는 '중우정치(mobocracy)'의 불편한 현실이다. 따라서 오페와 프로이스는 1) 억측, 감정이 아닌 사실에 근거한 참여, 2) 단기적 이익만 추구하지 않고 장기적 비전을 고려한 참여, 3) 자신의 이익만이 아니라 타인의 이익까지 고려한 참여를 대안으로 제시한다(Offe & Preuss, 1991: 156–157).

그렇다면 고전 고대의 시대상황에 비해 민주주의에 '유리한' 조건들이 적지 않은(교육 기회의 일반화, 참정권의 보편화, 천부인권과 만민평등에 대한 일반적 인식 제고 등등) 오늘날, 왜 시민의식과 시민행동의 부진 현상이 일반적으로 나타나고 있는 것일까?

이는 현재의 '자유'민주주의에서 하나의 근간이 되고 있는 '자유주의'가 그 활력을 상실했음에서 비롯된다고도 볼 수 있다. 말하자면 시민혁명기에 비장하게 주창된 '하늘이 부여한, 양도 불가능한 개인의 자유'가 다만 공식적인 국가권력에 대한 형식적인 자유로 수렴되고, 현대적 산업–엘리트주의 체제에서 실질적 부자유 상태를 감내하도록 순치되고 말았다는 것이다(Viroli 2006: 132). 즉 인권과 자유는 공식적, 법적 차원에서 보장되는 것에 '만족'하고, 대부분의 일상에서 전혀 사적인 관심사를 추구하는 가운데 정치 문제에 대한 의식과 행동은 소홀한 현실을 '자연스럽게' 받아들이는 상황, 그 가운데 '사적인 자유 침해와 억압', 말하자면 자유계약과 선택이라는 '유령'의 뒤에서 실질적으로 개인을 억압하고 노예화하고 있는 거대 조직과 사회 엘리트의 패권을 역시 '당연시'하는 상황이 현대의 여러 자유민주주의 사회의 실상이라는 것이다.

따라서 이를 부정하며 개인의 자유를 공적, 사적인 모든 분야에서 감연히 주장하는 입장은 곧 '비지배(non-domination)의 추구'라고 풀이할 수 있고,[2] 이는 오늘날 공화주의의 공통적, 또는 주류적 이념이라고 할 수 있다. 그러므로 오늘날 민주시민교육의 기조는 공화주의적 노선과 접합될 필요성이 있다고 하겠고, 남은 문제는 전통사상, 그 정신에서 그러한 조건이 충족될 수 있느냐이다.

3. 공화주의적 민주시민교육에서 활용 가능한 전통사상의 정신

(1) 회통(會通)의 정신

회통, 회통원융(會通圓融), 일심화쟁(一心和爭) 등으로 표현되는 정신은

2 페팃(Phillip Pettit)은 자유주의가 '불간섭'에만 머무르고 실질적인 개인 및 집단의 억압을 적극적으로 배제하려는 '비지배'를 추구하지 않았으므로 현대의 자유민주주의로는 개인의 자유와 정의를 추구하는데 불충분해졌다고 본다(Pettit 2019: 47-90).

고대 한국 정신사에서, 주로 불교를 배경으로 두드러진 정신이다.

이러한 정신은 기본적으로 사람들 사이에, 사회 내에 다양한 입장과 이해관계가 존재함을 인정하면서도, 동시에 그러한 차이가 결정적이거나 모순적이지 않다고 해석하려는 태도를 강력하게 지향한다고 할 수 있다. 한자경은 이를 '여러 광원에서 나온 빛줄기가 하나로 모일 때, 빛은 하나이지만 동시에 여럿일 수 있다'는 식으로 풀이한다(한자경, 2008: 58–65).

원효의 십문화쟁론(十門和爭論)은 '불교의 여러 파(派)들은 불법에 대해 각각 일단의 진리를 깨우치고 있다, 하지만 일단일 뿐 진리의 전체는 아니다. 그렇다고 또 전체는 아니고 일단이라지만 진리가 아닌 것도 아니다'라 하여 각 파들이 서로의 목소리를 내며 갈등하기보다 화쟁(和爭), 회통할 것을 주장하는 내용이다. 이는 삼국통일의 배경적 사상이 되었다고 주장되기도 하지만(정상봉, 2012: 211), 십문화쟁론이 고난도의 불교 전문 이론인데다 삼국통일과 관련된 문헌에 그것을 입증하는 근거가 없어서, 무리한 주장으로 보인다.

그러나 불교의 교파 사이에 다툴 필요가 없고 하나이자 여럿으로서 원융(圓融)을 지향해야 한다는 주장은 고려시대 의천의 교관겸수론이나 지눌의 정혜쌍수론 등에서 교종과 선종의 대립을 없애려는 교선융합론(敎禪融合論)으로 계속 이어졌으며, "고려시대 초기까지는 거의 모든 불교사상이 융합사상"(김두진, 2009: 61)이라고 볼 만큼 대유행했다. 그렇게 볼 때 회통의 정신은 단지 일부 사상가들의 전문영역을 넘어 사회 일반에 널리 퍼지고 젖어 들었다고 봐도 좋을 것이다.

원효와 의천, 지눌 등이 불교의 회통을 주장했다면 최치원은 유교, 불교, 도교가 하나로 통할 수 있다는 삼교회통론(三敎回通論)을 제시했다.

그는 「법장화상전」에서 유교의 직심(直心)이 불교의 직심정토(直心淨土) 이념과 차이가 없다고 보고, 「대낭혜화상비문」에서는 "삼외(三畏)는 삼귀(三歸)와 비길 수 있다. 오상(五常)은 오계(五戒)와 부합한다. 왕도(王道)를 실천하는 일은 불심(佛心)에 부합한다"고 하여 유교와 불교의 주요 지향성이 부합한다고 주장했다. 또 「대숭복사비명」에서는 유교의 안민(安民)과 효(孝)의 덕목, 가치는 불교에서 한층 고차원적으로 성취된다는 일종의 효선쌍미론(孝善雙美論)을 제시했으며, 「난랑비서문」에서는 유, 불, 도 사상이 '풍류도'라는 고유 사상의 틀에서 회통원융을 이룬다고 보았다.

고려 말, 조계종의 혜심은 "유가와 도가는 불가의 방편(方便)일 따름이다"라고 주장했으며(김두진, 2009: 116) 무학 역시 "유교의 인(仁)과 불교의 자비(慈悲)는 하나다"(『동문선』 제121권 비명(碑銘) 변계량, 「묘엄존자 탑명」)라고 하여 불교를 중심으로 삼교회통론을 펼쳤다.

유학자 쪽에서는 고려 말의 이규보가 "유도와 불도는 그 이치의 극(極)에서 같은 원천을 지닌다"(『동국이상국전집』 후집 권6 「남헌답객」)라 했으며, 이곡도 "유도와 불도는 서로 다른 일에 주목하지만 결국 어느 것이나 마음을 보존하려는 것이므로 크게 다르지 않다"고 보았다(『가정집』 권3 「신작심원루기」). 이색은 "유도와 불도는 조금의 차이도 없다"(『목은집』 권6 「설산기」)고 주장했다.

결국 통일신라에서 조선 초기에 이르는 동안 회통의 정신은 숱한 사상가들에 의해 제시되었고, 그들 가운데 다수가(가령 의천, 무학, 이색) 당대의 정치엘리트들에게 가르침을 주는 위치에 있었으므로 정치의식과 행위에도 영향을 미쳤다고 추정되며, 종교와 학술, 의례 등에서 일반 대중에게도 널리 알려졌다고 추정된다. 그러기에 회통의 정신이 한국 전통으로 오래

이어졌고 오늘날에도 영향을 미친다고 보기에는 어려움이 없다.

'회통'은 '서로 다른 주체가 주체성을 잃지 않으면서, 화해와 통합을 모색함'이 지향하는 가치를 담은 정신이라고 할 수 있다. 앞서 제시한 시민의식과 시민행동의 목표 조건에 비춰 보자면, 공동체 내에서의 정체성 의식, 갈등의 충동을 넘어서 원활하게 상호작용하려는 의식, 상대방과 전체를 배려하려는 의식에 크게 기여할 수 있다고 본다. 또한 타인의 이익까지 고려하여 참여 행동을 하는 데도 유익하리라 본다.

현대사회에서 한국인들이 '금모으기 운동', '촛불집회'나 여러 구호 활동 등에서 개인의 이해관계를 떠나 적극적으로 참여했으며, 그것이 촛불집회처럼 정치적 저항운동일 경우에도 외국의 많은 사례처럼 무질서, 폭력, 강탈 등의 범죄로 이어지지 않는 모습을 보였음은 전통적인 회통의 정신이 배경에서 작용했다고 추정할 수 있다. 전통이 높은 시민의식과 시민행동에 암묵적으로 기여한 것이다.

화해와 통합의 근거는 일심(一心), 즉 공통감각–상식(common sense)이 된다고 볼 때, 회통의 정신은 평등한 개인, 개체들이 공통감각을 기반으로 자치의 규율을 구성할 수 있다는 공화주의의 이념과 접목 가능하다고 볼 수 있다.

그렇지만 회통은 기본적으로 개별적인 입장의 차이와 복잡한 이해관계에 대해 무시하려는 태도로 이어지기 쉽다. '서로 다른 주체가 주체성을 잃지 않으면서, 화해와 통합을 모색함'에서 자칫 후자만이 강조되고 전자가 경시되거나 회피될 수 있는 것이다. 이는 합리적이고 상호배려적인 참여를 어렵게 할 수 있다. 나아가 장기적 비전에 대한 숙려가 미비할 수 있으며, 회통의 정신이 넘치는 사회가 대체로 평등하다면 몰라도 권력 위계

구조가 뚜렷한 사회라면 상급자의 의지가 그대로 전체의 의지가 되도록 강요되는 사회를 낳을 소지마저 있다. 일찍이 고려의 광종이 왕권 강화를 위해 '일심(一心)'을 내세운 일이나, 이승만이 '일민(一民)'을 독재의 배경이념으로 제시한 일처럼 신분제나 남녀차별 같은 사회적 차별, 모순, 대립 등을 몰각(沒覺)토록 하는 일이나, 전제권 정당화에 회통이 활용될 수 있는 것이다.

공화주의적으로 보더라도 "사람들의 문화적·도덕적·종교적 일체성이라는 것은 자유의 원리와 함께할 수 없는 것일 뿐만 아니라, 오히려 해로운 것"(Viroli 2006: 192)이라며 맹목적이고 일원적인 애국주의, 민족주의를 경계하고 있다. 물론 회통의 정신은 일체성만을 강요하는 것이 아니라 일체성과 개별성이 공존하며 일치한다는 것이다. 그러나 오늘날 회통의 정신이 공화의 정신이 되려면 민주시민교육 과정에서, 그동안 한국 교육과 문화에서 부족했던 '자립적 자아의 계발'이 상당히 중요하다고 할 것이다.

(2) 활언(活言)의 정신

'활언'이라는 표현은 문헌에서 쉽게 볼 수 없다. 그렇지만 단지 논쟁과 쟁송(爭訟)을 바람직하게 여긴 것도 아니고(오히려 그 반대의 정서가 많이 지목된다), 그렇다고 개인의 의사표시를 억제하고 오직 주어진 말(지시)에만 따르도록 하는 문화와도 동떨어진, 전근대 한국의 '언론 문화'를 풀이할 수 있는 표현으로는 '활언'이 적합하리라 여겨진다.

'임금님 귀는 당나귀 귀'라는 『삼국유사』의 설화에서 보듯, 고대부터 하고 싶은 말을 억제해야 하는 일은 한민족에게 견디기 어려운 고통이었던 것으로 보인다.

널리 말(言)을 듣고 반성하며 정책에 반영해야 함이 군주의 도리라 여긴 유가 사상이 확립된 조선시대에는 이런 경향이 더욱 짙었는데, 그 정도는 중국을 능가했던 것으로 보인다.

여러 사상가들이 정치과정에서 언론 자유의 중요성을 강조했다. 기대승은 "언로(言路)는 국가에 있어서 매우 중요하다. 언로가 열리면 국가가 편안해지고 언로가 막히면 국가가 위태로워진다"면서 당나라 덕종의 예를 들며 심지어 사리에 맞지 않고 경솔한 말이라도 군주는 두루 용납해야 한다고 보았다(기대승, 『고봉전서』「논사록」 상). 윤휴는 "공론이란 것은 의리에서 나오고 사무에 당연한 것으로서 사람들의 마음에 부합하여 모두 인정하는 것이다"라 하며 군주의 권한이라 해도 공론을 존중함이 당연하다고 보았다(윤휴, 『백호전서』 제6권 「소차」 "논병거소(論兵車疏)"). 정조는 "나라의 경우 언로(言路)는 사람의 몸에 비유하자면 곧 혈맥(血脈)이고 사기(士氣)는 사람의 몸에 비유하자면 원기(元氣)이다. 혈맥이 통하고 원기가 실하면 나라가 다스려지고 몸이 편안해지는 법이다"라고 군주의 입장에서 언론 자유의 중요성을 높이 평가했다(정조, 『홍재전서』 178권 「일득록」 18 "훈어(訓語)" 5).

사상의 차원을 넘어, 제도적으로도 조선시대 내내 언론은 중시되었다. 좁은 의미로 군주의 유가 경전 공부를 의미하는 경연(經筵)은 중국(명)의 경우 다분히 형식적으로 진행되었던 반면, 조선에서는 경전 내용을 근거로 현실 정치 현안을 놓고 군주와 신하들이 토론하는 자리가 되었으며, 경연을 얼마나 자주, 진지하게 하느냐가 군주의 평판에 중요한 기준이 되기도 했다.

간쟁(諫諍)은 정치를 적절히 바로잡기 위해 필수적인 과정이라 여겨졌으며, 그 전임 부처인 사간원 외에도 사헌부, 나아가 홍문관까지 '언론 3사'로서 군주와 조정의 모든 행동에 대해 비판과 대안 제시를 맡도록 임무가 주어졌다. 조선 후기로 들어서며 언론 3사가 당쟁에 사로잡혀 공평성을 잃자, 정약용 등은 '언관만이 아니라 모든 조정 신하들이 간쟁에 나서야 하는 게 본래의 원칙이다'라고 주장하기도 했다(정약용, 『여유당전서』「시문집」 1 "직관론(職官論)").

또한 구언(求言)은 흉년이나 홍수 등 천변재이(天變災異)가 있을 때 임금이 반찬 가짓수를 줄이고(減膳), 음악 듣기를 폐지하는(撤樂) 등의 일과 함께 '과연 지금 정치의 뭐가 문제이길래 하늘이 벌을 내리는가? '모두 의견을 제출하라'는 의미로 벌이는 행사였다.

상소(上疏)는 원칙적으로 어떤 신분의 개인이 올린 것이라도 임금이 반드시 전달받고 열람하도록 되어 있었다(오수창, 2003: 62–63). 이것은 민주주의 요소라는 점에서 큰 의의를 갖는다. 민주주의의 기원을 이룬 아테네의 경우, 오늘날처럼 공직자의 선출과 해임 권한이 국민 대중에게 주어져 있음이 민주주의의 핵심이 되지 않았다. 소수 공직을 제외한 공직은 '돌아가며' 맡는 식이었기 때문이다. 아테네인들이 중시했던 민주주의의 원칙은 '의제설정권력'이 모두에게 주어져 있다는 것이었다. 즉 어떤 사회적 위치, 영향력을 가진 사람이든 관계없이 누구나 민회에서 발언할 수 있었고, 논의할 의제를 제시할 수 있었다는 것이다(Manin, 2004: 32–66). 이는 의제설정권력이 실질적으로 고위 공직자들과 그 사회의 엘리트들에게 과점되어 있는 현대 민주주의의 조건과 비교된다.

그런데 상소가 원칙적으로 모든 사람(글을 쓸 수 있는 사람에게 일단 한정되겠지만)이 작성할 수 있고, 그것이 반드시 국정 최고책임자인 임금에게 열람된다는 것은 조선왕조가 공직자 선출–해임 권력은 전혀 일반 대중에게 부여하지 않았음에도 의제설정권력은 상당히 부여했음을 뜻한다. 대중은 상소 외에도 벽서(壁書), 투서(投書), 격쟁(擊錚) 등의 방법으로 권력집단에 자신의 의견을 표명했고, 세종의 한글 창제는 이를 한껏 지원했다.

이처럼 '널리 하고 싶은 말 하기를 권장했던' 정신과 문화는 구한말 독립협회의 만민공동회에서도 표출되었다. 그리고 현대에 들어와서도 언론의 탄압이 가장 저항을 불러오는 독재적 행태의 하나였으며, 학생 시위와 대중 집회가 탄압에도 불구하고 이어지면서 끝내 정권 교체를 여러 차례 이뤄냈음은 동아시아에서 유례가 없는 민주주의 역사이다.

활언의 정신은 시민의식 가운데 참여와 상호작용에 연결될 수 있다. 특히 회통이 지나치게 자신의 입장을 억제하는 쪽의 상호작용, 의사소통 문화를 야기할 위험이 있는 가운데, 활언은 스스로의 입장을 명백히 제시하는 것을 우선하므로 보완이 될 수 있다. 시민행동 면에서는 사실에 근거한 참여에 유효하다. 공론장에서 설득력을 가지려면 일정한 사실에 근거한 논의일 필요가 있기 때문이다. 장기적 비전에 근거한 참여에도 유효하다. 어떤 사안의 배경분석이나 역사적 사례와의 비교 등을 마치고, 이 문제를 어떻게 처리해야 장기적으로 적절할 것인지를 논의하는 방식으로 활언이 진행되었기 때문이다.

이러한 활언의 정신은 오늘날 민주주의에서 보장된 보통선거권을 넘어서, "정부에 대한 대중적 영향력을 행사하는 시스템에 동등한 접근성을 가져야"(Pettit 2019: 202) 함을 근간으로 하는 '민주적 통제권'을 시민이 정부에 행사해야 한다는 공화주의의 목표와 상당히 부합한다.

그러나 활언은 본질적으로 토론은 아니며, 각자 자신의 말을 일방적으로 표출하는 것이다. 따라서 회통의 정신, 서구에서 개발된 합리적(rational) 토론의 기법, 문화로 보완되지 않으면 일방적인 주장들 끝에 갈등과 분열이 초래될 위험이 있다. 조선시대의 당쟁이 상대방의 발언 한 두 가지를 근거로 격화되었음을 종종 볼 수 있다. 또한 복잡미묘한 국정에 대한 정보, 지식이 충분히 공유되지 못할 때, 비현실적인 상소, 시위 등이 폭발하여 결과적으로 '중우정치'적인 상황을 초래할 수도 있다. 오늘날 한국이 그 어느 민주국가보다 개인의 의사 표시가 활발하고 집회도 자유롭게 이뤄지고 있지만, 그것이 꼭 긍정적인 국가와 사회발전의 근거로 여겨지지 않는 경향도 이와 무관하지 않을 것이다.

(3) 공의(公義)의 정신

'공의'는 '정의'와는 비슷하면서 조금 다른 개념이다. 정의(justice, 미슈파트)가 '사람들끼리' '각자에게 합당한 것을 돌려주려는' '합의된 원칙'을 내포한다면, 공의(right, 쩨다카)는 "공평하고 의로운 도의"이면서 "선악의 제재를 공평하게 하는 하느님의 적극적인 품성"이라는 뜻도 내포한다(네이버 국어사전). 말하자면 정의가 세속적인 합리성에 기초한다면 공의는 초월적인 도덕성에 기초하고 있다.

단군신화에서 사람 되기를 간절히 바라고 노력한 곰이 하늘의 도움으로 소원을 이루고, 도주 중에 강물에 가로막힌 주몽이 하늘을 바라보고 외치자 강물이 열려 길을 만들었다는 등의 이야기에서 보듯, '현실적 불의를 간절한 바램과 초월적인 힘에 의존해 극복할 수 있다, 사회와 자연은 본래 올바른 질서에 근거하고 있기 때문이다'라는 관념은 고대부터 한민족에게 있었던 듯하다. 그러나 개인의 한(恨)을 해원(解冤)하기를 권하는 불교와 '합리적인(reasonable)' 사고와 규범을 강조한 유교의 오랜 지배로 대중의 막연한 신앙 이상으로 체화되지는 못했다. 그러다가 근대에 들어 기독교가 전파되고 동학이 수립되는 등 사조가 변하면서 사상의 수준에도 이른 것으로 보인다.

기독교의 쩨다카는 "인간이 불의한 곤경에 처하면 하늘이 불쌍히 여기고, 구원한다"는 믿음에 기초하는데, 다만 하늘만 바라보고 있는 게 아니라 불의와 곤경을 극복하려고 서로 돕고 애쓰는 과정을 포함한다. 주기적으로 빚을 탕감하고 노예에게 자유를 주는 유대교의 '희년'을 본받아 자선에서 경제정의 실천에 이르는 노력을 하는 것이 그 예다(남기업 등, 2019: 9—12; 251—252).

동학의 '인내천(人乃天) 사상은 "개인과 민중과 하늘은 마음으로 하나이다"라는 신념 아래 장기 지속되는 박해와 고난에 대한 '한마음'으로의 거부, 저항을 정당화했다.

일제강점기 독립운동과 계몽운동에 나섰던 박은식, 신채호 등은 역사와 전기, 소설을 융합한 대중용 저서들(『명림답부전』, 『천개소문전』, 『몽배금태조』, 『을지문덕』, 『수군제일위인이순신』 등등)에서 '민중영웅'을 제시했는데. 이들은 천자(天子), 반신(半神)으로서의 영웅이 아니라 민중 사이에서 나서 민중을 설득하여 봉기토록 하는 영웅이다. 다시 말해서 공의가 지켜지는 사회에서는 평범한 개인의 삶을 살지만, 공의가 무너지면 분연히 일어나, 스스로의 힘이 아니라 민중에게 잠재된 힘을 깨닫게 하여 악정을 철폐하고 공의를 다시 세우는 존재다(함규진, 2019).

한편 유영모, 함석헌의 '씨ᄋᆞᆯ사상'은 삶의 존재(사람, 자연)가 죽음의 존재(물질, 억압구조)를 이기고 주체가 되어야 한다는 내용으로 일제강점기에서 군부독재 시대에 이르는 '공의가 실종된 사회'에 민중이 주체가 되는 변혁을 주장했다(박재순, 2012).

이는 3·1운동에서부터 촛불혁명에 이르기까지 거듭해서 '공의가 무너졌다. 우리가 일어나야 한다!'는 의식을 자극, '우리도 할 말이 있다'는 활언 정신과 더불어 동아시아에 유례가 없는 국민 저항과 참여 폭발에 따른 민주화 역사를 이뤄온 것으로 보인다.

공의 정신은 시민의식에서 정체성, 참여 의식 육성에 기여할 수 있다. 또한 배려에도 기여할 수 있다. 자기 자신은 아니더라도 공동체의 다른 구성원들이 겪는 고난과 박해에 대한 동정과 의분(義憤)이 공의의 정신에서 중요하기 때문이다(최제우의 순교와 조병갑의 학정에 대해 동학운동이, 고종 독살설에 의해 3·1운동이, 김주열이나 박종철 등의 죽음에 따라 4·19, 6·10이 촉발된 것 등에서 볼 수 있다). 시민행동에서는 장기적 비전에 근거한 참여와 타인의 이익을 고려한 참여에 유효하다.

'각성한 시민'의 손으로 '불간섭'이 아닌 '비지배'를 추구한다는 점에서, 공의의 정신은 공화주의와 가장 잘 연결되는 전통적 정신이라고도 볼 수 있다. 또한 '동료 시민'에게 가해진 부당한 억압에 의분을 느끼고 함께 저항한다는 점은 '공화국 시민'으로서 갖춰야 할 미덕의 하나로 여겨진다(Viroli 2006: 142).

다만 공의의 정신은 다소 감성적인 의식과 행동을 촉진함으로써 합리적이고 신중한 상황 분석, 참여와는 친화적이지 않을 수 있다. 또한 억눌렸던 에너지가 일시적으로 폭발하기 때문에 정권 교체를 포함한 정치변동의 추동력을 제공할 수는 있지만, 변동 이후 사회 안정과 새로운 질서 구축, 발전적 제도화에는 역량이 부족하여 결국 기존의 엘리트들에게 위임해 버리는 경향마저 있다. '선한 영웅'에게 전권을 맡기는 것으로 혁명을 끝내고 시민에서 신민(臣民)으로 돌아간다고까지 할 수 있는 것이다. 4·19가 5·16을, 부마항쟁과 5·18이 신군부 집권을 예방하지 못했으며, 6월 항쟁으로도 구 독재세력을 포함한 정치엘리트들의 계속 집권을 낳았고 촛불혁명 이후에도 한국사회의 근본적 개선보다는 진영논리에 매몰된 갈등의 지속이 나타나는 등의 현상에서 이를 확인할 수 있다.

4. 나가며

이제까지의 논의를 볼 때, '회통', '활언', '공의'로 집약되는 전통 한국사상사의 정신은 다음과 같이 공화주의적 민주시민교육에 활용될 수 있다.

〈표 4-1〉 공화주의적 민주시민교육에 활용 가능한 전통 정신

시민의식/행동	회통	활언	공의
정체성 의식	○		○
참여 의식		○	○
상호작용 의식	○	○	
배려 의식	○		○
사실 근거 참여 행동		○	
장기 비전 근거 참여 행동		○	○
타인 이익 고려 참여 행동	○		○

회통과 공의의 정신은 각 개인들이 스스로를 공동체의 주체로 자각하고, 공동체 전체의 문제를 자신의 문제로 받아들이고 고민하도록 기여할 수 있을 것이다. 활언과 공의의 정신은 그러한 정체성을 바탕으로 정치·사회적 문제에 적극적으로 참여하려는 의식을 강화할 것이다. 그러기 위해 타인과 합리적, 평화적으로 상호작용하려 하는 의식은 회통과 활언 정신으로 강화될 것이며, 타인과 집단, 공동체에 대한 배려 의식은 회통과 공의의 정신이 강화할 것이다.

의식 높은 시민으로 정치 참여 행동을 할 때 사실에 근거해서 참여하는 행동이 중요하다. 이는 활언의 정신이 뒷받침할 수 있다. 또한 활언과 공의의 정신은 단기적인 이익을 넘어 장기적 비전을 갖고 참여하도록 도울 것이며, 타인의 이익까지 고려하여 참여하는 행동은 회통과 공의의 정신이 강화할 것이다.

하지만 위의 내용에서 보았듯, 이 정신들이 시민교육적으로, 또한 공화주의적으로 긍정적인 효과만 있지는 않다. 오히려 그 때문에 근현대 한국 정치사의 비민주적, 비발전적 현상이 일부 초래되었다고도 추정된다. 따라서 이들 전통은 서로 보완적으로 활용되어야 할 뿐 아니라, 대체로 서구에서 개발된 시민교육의 접근법, 이념, 기법 등과 적절히 배합되어야 한다. 특히 한국 전통 정신문화에서 다소 부족했던 '자기 이익에 대한 냉정한 계산', '철저히 합리적(rational)인 사고와 의사소통', '새로운 질서 수립과 제도화에 대한 관심과 역량' 등은 서구 시민교육과의 배합으로 발전할 수 있을 것이다. 따라서 전통 정신을 활용한 공화주의적 민주시민교육 방법론을 구축하는 일이 향후 과제이며, 더욱 중요한 과제다. 결국 모든 이론은 회색이며, 정신은 영원한 생명의 나무가 된다. 그리고 나무는 '지금 여기'

의 현실이라는 나무에 굳건히 뿌리박아야만 생명을 이어갈 수 있다.

참고문헌

『가정집』.
『고봉전서』.
『동국이상국전집』.
『동문선』.
『목은집』.
『백호전서』.
『삼국유사』.
『십문화쟁론』.
『여유당전서』.
『역주 최치원전집』(1, 2: 최영성 역, 아세아문화사. 1998, 1999).
『홍재전서』.
네이버국어사전.
인성교육진흥법.
교육인적자원부(2015).『도덕과 교육과정』. 서울: 교육인적자원부.
김대중 외(1999).『아시아적 가치』. 서울: 전통과현대.
김두진(2009).『고려시대 사상사 산책』. 서울: 국민대학교출판부.
김호성(2001). "한국 전통사상과 자유민주주의."『역사학논총』, 2.
남기업 등(2019).『희년』. 서울: 홍성사.
박재순(2012).『유영모·함석헌의 생각 365』. 서울: 홍성사.
박병기, 지준호, 김철호(2013). "전통적 가치와 시민의식."『倫理硏究』, 93, 37-53.
심성보(2011).『인간과 사회의 진보를 위한 민주시민교육』. 서울: 살림터.
심성보(2018). "사람다움과 시민다움의 조화를 통한 '민주적' 시민교육의 모색: 보이텔스바흐 합의와 크릭 보고서를 중심으로."『윤리교육연구』, 47,

253–282.

오수창(2003). "국왕과 신료의 역학관계," 한국역사연구회 17세기 정치사 연구반,『조선중기 정치와 정책: 인조–현종시기』. 서울: 아카넷.

이상익(2004).『유교전통과 자유민주주의』. 서울: 심산문화.

장승희(2013).『유교와 도덕교육의 만남』. 제주: 제주대학교 출판부.

정상봉(2012). "원효(元曉) 화쟁사상(和諍思想)과 그 현대적 의의."『통일인문학』, 53, 201–222.

한자경(2008).『한국철학의 맥』. 서울: 이화여자대학교출판부.

함규진(2019). "일제강점기 전후의 영웅 담론: 박은식, 신채호, 이광수, 김동인의 작품을 중심으로."『한국정치연구』, 28(3), 31–56.

Manin, Bernard(2004). 곽준혁 역.『선거는 민주적인가』. 서울: 후마니타스.

Offe, Claus and Preuss, Urlich(1991). "Democratic Institutions and Moral Resources," in David Held(ed.). *Political Theory Today.* Cambridge: Polity.

Qing, Jang(2013). *A Confucian Constitutional Order*, trans, by Edmund Ryden. Princeton University Press.

Pettit, Philip(2019), 곽준혁·윤채영 역,『왜 다시 자유인가』. 파주: 한길사. Viroli, Maurizio(2006), 김경희·김동규 역,『공화주의』. 고양: 인간사랑.

6장 한·일 민족주의와 진영논리에 대한 비판 그리고 공화주의[1]

채진원(경희대 공공거버넌스연구소, 비교정치학)

2020년은 1919년에 탄생한 대한민국 임시정부가 '민주공화국'을 선포한 지 101주년이 되는 해이다. 올해는 대한민국의 새로운 민주공화국 100년을 시작한다는 점에서 과거를 성찰하면서 온고지신(溫故知新)의 정신을 되새기는 데 안성맞춤이다.

---

1 이 글은 바른미래원구원이 발행한 저널인『바른미래』(2019) 창간호의 "한·일 민족주의 비판과 공화주의" 논단 글과 한국정치평론학회가 발행한 저널인『정치와 평론』(2019)의 "'조국사태'가 남긴 진영논리와 상식파괴의 정치" 평론 글 그리고『동향과 전망』 108호 봄호(2020) 동향분석 글 "'586그룹 퇴진론'이 나오는 이유는 뭘까?"를 책 출판 의도에 맞게 재구성했음을 밝힙니다.

지난해 2019년 뜨거웠던 이슈인 이른바, '조국사태'와 '일본 공격'은 서로 다른 사건인 것 같지만 긴밀히 연결되어 있다. 왜냐하면, 반일민족주의를 선동한 '일본 공격'은 '조국사태'의 시작점으로써, 조국 전 청와대 민정수석이 주도하여 발화시켰기 때문이다.

조국 전 청와대 민정수석은 2019년 8월 2일 자신의 페이스북에 다음과 같이 언급하였다. 그는 "최근 일본이 도발한 '경제전쟁' 상황에 대하여 일본과 한국 양쪽의 '민족주의' 모두가 문제라며 '양비론'을 펼치고 '민족감정' 호소는 곤란하다고 훈계하는 일부 언론과 전문가들이 있다. 이들은 한국 국민들이 자발적으로 전개하는 일본 상품 불매운동에 대해서도 냉소적 평가를 던지고 '이성적 대응'을 운운한다"고 비판했다.

이어서 조국 전 수석은 "일본 정부의 '갑질' 앞에서 한국 정부와 법원도 문제가 있다는 말하는 것은 한심한 작태이다. 싸울 때는 싸워야 한다. 그래야 협상의 길도 열리고, 유리한 협상도 이끌어낼 수 있다. 국민적 분노를 무시·배제하는 '이성적 대응'은 자발적 무장해제일 뿐"이라며 "여건 야건, 진보건 보수건, 누가 가해자고 누가 피해자인지 확실히 하자. '피'(彼)와 '아'(我)를 분명히 하자. 그리고 모든 힘을 모아 반격하자"고 주장했다.

조국 전 수석의 이 같은 주장은 이른바, '죽창 선동', '애국과 이적', '친일파' 운운한 것의 연장선에 있었다. 그렇다면, 과연 조국 전수석이 언급한 반일민족주의론과 민족주의적 애국론은 적절한 것이었을까?

민주화 이후 30년이 넘었다. 한 세대가 넘어가는 민주화 이후 지금 시기를 여전히 일제강점기로 보고 독립운동가처럼 말하는 것은 지금을 6·25전쟁 시기라 보고 반공주의 운동가처럼 행동하는 것만큼 시대착오적일 가능성이 크다. 조국 전 수석이 "반일 아니면 친일이고, 애국 아니면 이적(利敵)"이라고 말한 것은 국가의 경계가 약화되면서 교류와 협력이 커지는 21세기 탈냉전·세계화 시대에 맞지 않는 민주공화국의 정신과 헌법규범을 위협하는 퇴행적인 언행에 가깝다고 볼 수 있다.

특히, 조국 전 수석의 '애국론'은 '민족주의 애국론'과 '공화주의 애국론'을 구별하지 않는 것이어서 문제로 보인다. 외부의 적에 대한 적대감과 증오감을 선동해 동질적인 상상의 공동체를 만들려는 시도가 '민족주의 애국'이다. 이런 '민족주의 애국'은 제국주의나 전체주의로 흐를 가능성이 크다.

그래서 '민족주의 애국'에 대비되는 '공화주의 애국'을 본격적으로 논의할 필요가 있다. '공화주의 애국'은 외부의 적을 상정하지 않고, 자유로운 영혼을 지닌 동등한 글로벌 시민들이 민족주의와 국가주의에 상처받은 서로의 처지를 연민하고 연대하여 민족·종교·인종 같은 차별이 없는 보편적인 문명국가를 만들어 사랑과 우정을 실천하는 시도가 공화주의 애국이다.

이런 '공화주의 애국'은 우리 헌법정신의 기원인 3·1독립선언문에서 잘 드러나고 있다. "…일본의 무도함을 꾸짖으려는 것도 아닙니다. 스스로를 채찍질하고 격려하기에 바쁜 우리는 남을 원망할 겨를이 없습니다. 현재를 꼼꼼히 준비하기에 급한 우리는 묵은 옛일을 응징하고 잘못을 가릴 겨를이 없습니다. 오늘 우리에게 주어진 임무는 오직 자기 건설이 있을 뿐이지, 결코 남을 파괴하는 데 있는 것이 아닙니다."

반일 대 친일, 애국 대 매국, 민주 대 반(反)민주 같은 이분법 프레임은 우리 헌법이 규정한 민주공화정을 위협하고 파괴하는 언행에 가깝다고 볼 수 있다. 이에 이분법적 프레임을 넘어서기 위해 경쟁자인 동시에 협력

자라는 '중첩된 정체성'을 갖는 것으로 서로를 대할 때 진정한 민주공화정을 이룰 수 있을 것이다.[2]

반일민족주의 차원에서의 '일본 공격'에 이어서 '66일간의 조국 사태'는 과연 우리 정치에 무엇을 남겼을까? 한마디로 '조국사태'는 진영논리와 상식파괴의 정치를 명증하게 보여주었다. 그것은 불공정과 부정의에 분노하는 국민의 상식이 어떻게 보수, 진보의 집단감정인 진영논리에 의해 파괴되면서 파당적 대립과 국민분열의 정치에 도달하는지 극명하게 보여줬다는 점이다.

따라서 새로운 민주공화국 100년을 시작하는 2020년 올해는 이분법적 프레임과 진영논리의 파당적 해악성이 나오는 원인인 '낡은 정치습속'에 대한 진단과 더불어 이를 극복하는 방향으로 사익추구보다 국민의 상식적 판단과 국민정서에 부합하는 활사개공(活私開公)의 공공성을 통해 민주공화국의 정신을 구현하는 노선인 공화주의에 대한 국민적 논의가 필요하다. 본 글에서는 이른바, 2019년 조국사태가 남긴 "한·일 민족주의와 진영논리"를 비판적으로 검토하면서 대안으로 공화주의 노선의 의미를 살펴보고자 한다.

---

2 채진원, "조국의 '가짜애국론' 넘어 안중근의 '공화주의 애국'으로."《오피니언뉴스》(2019.8.3).

1. 민주공화국 탄생 100주년 속 '공명지조'의 의미

교수신문이 2019년의 사자성어로 '공명지조'(共命之鳥)'를 선정했다. 교수신문은 1046명의 교수 대상 설문 결과 '올해의 사자성어'로 '공명지조가 가장 많은 표(347명·33%·복수응답)를 얻었다고 밝혔다.

교수신문에 따르면 공명지조는『아미타경』(阿彌陀經)을 비롯한 많은 불교경전에 등장하는 새로, 두 개의 머리가 한 몸을 갖고 공유하는 '운명공동체'를 뜻한다. 일부 경전에는 '두 머리' 중 한 머리가 몸에 좋은 열매를 챙겨 먹자 다른 한 머리가 질투를 느껴 독과를 몰래 먹었고 결국 모두 죽게 됐다는 이야기가 담겨 있다고 한다.

공명지조를 사자성어로 추천한 최재목 영남대 교수(철학과)는 교수신문 측에 "한국의 현재 상황은 상징적으로 마치 공명조를 바라보는 것만 같다. 서로를 이기려고 하고, 자기만 살려고 하지만 어느 한쪽이 사라지면 죽게 되는 것을 모르는 한국 사회에 대한 안타까움이 들어 선정하게 됐다"고 설명했다.[3]

왜 공명지조가 선정됐는지는 이것이 선정된 날, 여의도 정치의 민낯인 '연동형 선거법' 등 패스트트랙을 놓고 대치국면에 선 여야대표의 언쟁을 보면 금방 납득이 된다. 민주당 이인영 원내대표는 자유한국당을 향해 "공안정치를 연상하게 하는 '황의 독재'라는 구시대 정치가 우리 국회를 파탄 내고 있습니다"라고 했다. 그리고 이에 대해 황교안 자유한국당 대표는 "비리 수준을 넘어서 이제 나라를 거덜 내려 하고 있습니다"라고 맞섰

3 김범진, "2019년 올해의 사자성어 '共命之鳥'." 《교수신문》(2019.12.15).

다.

'국회를 파탄 내려 한다, 나라를 거덜 내려 한다'는 이런 극단의 언어들을 쓰면서 서로의 탓을 하는 모습이 마치 공명조와 닮았다. 그러니까 서로 이기려고 하고 있지만 결국에는 모두 공멸할 수밖에 없는, 함께 무너지는 상황이라는 점이다.

이런 사자성어가 채택된 배경에는 복잡했던 2019년의 사건사고를 반영한다. 그 사건사고 중에서 '조국 사태'가 초래한 여야 정치권 분열과 함께 '서초동파'와 '광화문파'로 갈라진 국민분열사태는 공명조의 비극적 운명을 상징한다.

2019년은 1919년 3·1운동으로 결성된 대한민국 임시정부에 의해 민주공화국이 건립된 지 100주년이 되는 해였다. 100주년이 되는 해였던 만큼, 우리는 '민주공화국'이라는 정체의 뜻과 정신에 부합하는 나라를 갈등과 분열 없이 통합적으로 건설했는지 자문해 보고, 더 좋은 국가를 만들기 위해 절치부심할 필요가 있었다.[4]

문재인 대통령은 민주공화국 탄생 100주년이 되는 시점에서 "4월 11일 대한민국 임시정부 수립 100주년을 온 국민과 함께 벅찬 가슴으로 기념하며 특권과 반칙의 시대를 끝내고 앞으로 100년은 정의롭고 공정한 사회가 새로운 국가의 토대여야 한다"고 강조했다. 그리고 문 대통령은 12월 13일 2019년을 마감하는 차원에서 "3·1독립운동과 임시정부 수립 100년이 흐른 지금, 또 다른 특권의 정치가 이어지고 번영 속의 심각한 경제적 불평등이 신분과 차별을 만들고 있지 않은지 스스로 겸허히 되돌아봐야

4 채진원, 『공화주의와 경쟁하는 적들』(서울: 푸른길, 2019), 10쪽.

할 때"라고 말했다.

2020년은 민주공화국이 탄생한 지 101주년이 되어 새로운 전환점이 되는 만큼, 2019년과 같은 갈등과 국가분열상에 대해 자성해 보고 극복의 방향으로 새로운 100년을 기약해야 할 것이다. 2019년 한 해 동안 나라 안, 밖을 엄습한 온갖 사태들이 있었다.

그 중에서 중·미간의 패권경쟁에서 보여준 첨예한 갈등과 북핵 위기, 남북관계가 야기하고 있는 안보위기, 국내의 보수, 진보 진영 간의 적대감과 이념갈등, 정치권의 정치적 양극화 갈등, 소득불평등과 경제적 양극화 갈등, 공정, 공평, 정의로움에 대한 불신 등이 큰 문제였다.

이러한 내우외환(內憂外患)의 위기대응에 대해 깊은 성찰과 대안모색이 필요하다.

특히, 민주공화국 탄생 100주년의 민낯과 비극을 극명하게 보여준 국가분열사태인 '조국사태'에 주목할 필요가 있다. '조국사태'에서 드러난 진영논리에 갇힌 대한민국의 갈등과 분열정치의 행태를 되새기고 진단하는 가운데 실천적 대안으로 파괴된 상식과 공화주의 정신을 다시 복원하고 되살리는 정치적 노력이 필요하다.

2. '관제민족주의'를 극복하는 성숙한 시민들

2019년 8월 6일 서양호 서울 중구청장이 명동 등 중구 지역 내 'No Japan' 배너 1100개를 내건 지 하루 만에 여론의 뭇매를 맞고 대국민 사과와 함께 배너를 철거하는 놀라운 일이 발생했었다.

청와대 국민청원게시판에 “서울 한복판 NO재팬 깃발 설치 중단”을 요구하는 청원과 함께 “아베 정권을 규탄하고자 나선 자발적 불매운동에 정부나 지방자치단체장이 나서서 불매운동을 조장하는 모습을 보여서는 안 된다는 비판” 등이 제기되면서 하루 만에 배너기를 내리기로 한 것이다.

온라인 시민들은 ‘반아베노선’과 ‘반일노선’을 구분하자고 했다. 즉, 일본 시민 중에는 욘사마, 문재인, 동대문, 명동시장 등을 좋아하는 사람들이 많기에 한국이 좋아서 오는 사람들까지 ‘반일’로 배척할 필요가 없다고 쓴소리를 하였다. 마침내 서양호 중구청장은 당일 페이스북을 통해 “배너기를 내리도록 하겠다”며 “일본 정부의 경제보복에 국민과 함께 대응한다는 취지였는데 뜻하지 않게 심려를 끼쳐 드려 죄송하다”고 밝혔다.

이번 사건은 상식을 가진 성숙한 시민들은 ‘반일’ 아닌 ‘반아베’에 초점을 맞춰 ‘민주공화주의’노선으로 가는데 반해, 정치권 일부는 ‘관제민족주의’를 부추겨서 반일 대 친일, 애국 대 매국이라는 이분법적인 ‘민족주의’로 퇴행하고 있음을 보여주었다. 또한 시대착오적인 관제민족주의의 선동으로 정치권과 지방정부가 국민적 비난에 처했음을 극명하게 보여주었다.

서양호 중구청장을 사과케 한 성숙한 시민의식은 조국 전 청와대 민정수석이 ‘죽창 선동’, ‘애국과 이적’, ‘친일파’ 등으로 선동한 관제민족주의와도 상반된다는 점에서 시사하는 바가 크다. 이에 이번 기회에 시대착오적인 한·일 민족주의 문제점을 극복하는 계기로 삼고, 그 대안으로 1919년 3·1운동의 결과로 임시의정원이 결의하여 탄생한 ‘대한민국 임시헌장’ 제1조(대한민국은 민주공화제로 함)의 공화주의 정신으로 돌아갈 필요가 있을 것이다.

공화주의는 이미 우리 헌법 전문에 "모든 사회적 폐습과 불의를 타파하며, 자율과 조화를 바탕으로 자유민주적 기본질서를 더욱 확고히 하여… 밖으로는 항구적인 세계평화와 인류공영에 이바지함으로써 우리들과 우리들의 자손의 안전과 자유와 행복을 영원히 확보할 것"에 잘 표현되어 있다.[5]

3. 민족주의의 비판에 대한 논의들

성숙한 시민들의 행동이 있고 난 뒤 '관제민족주의' 내지 '민족주의'의 문제점을 비판하는 지식인들의 목소리가 있었다. 대표적으로 홍세화 선생의 「관제 민족주의의 함정」(한겨레), 장은주 영산대 교수의 「관제 민족주의? 반일 종족주의?」(프레시안), 스탠퍼드 신기욱 교수의 「국수주의적 포퓰리즘'에 부메랑 맞는다」(신동아), 채진원 경희대 교수의 『공화주의와 경쟁하는 적들』(푸른길) 등이다.

이들의 논조는 조금씩 다르지만, 대체로 21세기 세계화, 탈냉전시대에 부합하지 않는 '종족적 민족주의'나 '혈연적 민족주의'의 관점으로 "반일 대 친일"이나 '애국 대 매국'이라는 이분법 프레임구도를 만들어서는 곤란하다는 입장이다. 대안과 관련해서도 권위주의와 전체주의 및 국수주의적 포퓰리즘을 부르는 '민족주의'에서 벗어나 '김대중–오부치 공동선언'으로

---

5 채진원, "조국의 '가짜애국론' 넘어 안중근의 '공화주의 애국'으로." 《오피니언뉴스》 칼럼(2019.8.3).

돌아가야 한다(신기욱)거나 한중일의 협력을 강조한 안중근의 '동양평화론'처럼, 민주공화주의적 관점(채진원) 등을 취해야 한다는 것이다.

한·일 갈등으로 드러난 이번 계기를 통해 한·일 민족주의의 문제점을 진단하고 대안담론을 찾는 일은 중요한 과제가 되었다. 특히, 대통령이 2019년 삼일절 기념사에서 '친일잔재의 청산'을 국정과제로 설정한 바 있고, 이것이 민족주의의 문제점을 동반하는 만큼, 합리적인 대안 제시가 요구되었다.

그렇다면 민족주의의 문제점을 극복하면서도 친일잔재의 청산은 어떻게 가능할까? 우선 한국과 일본의 민족주의의 등장 양상과 그 등장 원인에 대해 살펴볼 필요가 있다. 핵심적으로 북한 김씨일가, 박정희 세력, NL운동권이 어떻게 일제 천황제 민족주의를 답습하여 친일잔재 청산에 실패했는지를 추적하면서, 그 교훈을 얻는 게 중요하다.

특히, 일본이 어떻게 동북아 3국중 가장 먼저 '민주공화제 건설'을 포기하는 대신에 "천황제(수령제) 민족주의"로 가장 먼저 갔을까? 그리고 북한 김씨일가, 박정희세력, NL운동권들이 어떻게 일본의 "천황제(수령제) 민족주의"를 변형하여 답습했는가를 추적하는 일이다.[6]

이렇게 접근하는 이유는 "죄는 미워하되 사람을 미워하지 말라"는 언급처럼, '친일청산'이란 친일인사들을 '악인'으로 몰아 처단하는 단순한 '인적청산'을 넘어서는 일이기 때문이다. 즉 그런 악인을 만들어내는 복잡한 환경구조를 극복하는 과제이기 때문이다. 즉 죄를 짓는 사람과 인간의

6 채진원, "일본 민주공화제 실패로 본 우리나라 민주공화제." 《오피니언 뉴스》 칼럼 (2019.4.20).

악행을 둘러싸고 있는 법제도와 권력체제 및 문화구조를 개혁하는 과제이기 때문이다.[7]

4. 일본 천황제 민족주의의 한계

주자학 극복운동으로서 일본 민족주의운동의 의의와 한계를 살펴보면, 한국과 북한의 민족주의의 한계를 추론할 수 있다. 일본 정치사상학계의 거두인 마루야마 마사오 선생은 일본에서 중국 주자학 풍조가 어떻게 깨지고 약화되어, 문학과 국학 및 민족주의 사조로 나아갔는지를 『일본정치사상사연구』를 통해 밝혔다.[8]

마루야마 선생은 오규 소라이에 의해서, 주자학에서 말하는 "성인군자의 도"는 결국 천하를 평온케 하는 정치체제와 제도로서의 문명과 문물을 창조한 '성현'으로 귀착되어 문물과 제도를 창조한 3황 5제급의 대정치가로 귀결된다는 것이다. 즉, 오규 소라이에 의하면, 성인은 "완벽한 인격"을 갖춘 사람이 아니라 문물과 제도를 만든 "성현" 즉 정치가로서 군주같은 인물로 귀착되어 주자학의 '인격수양론'은 부정된다.

또한 마루야마 선생에 의하면, 모토오리 노리나가는 오규 소라이에서 한발 더 나아갔다고 보았다. 모토오리는 오규 소라이가 강조한 정치가로

---

7 최장집, "한국 민족주의의 다성적(polyphonic/多聲的) 성격에 관하여."(2019. 3.15).

8 마루야마 마사오, 김석근 옮김, 『일본정치사상사연구』(서울: 통나무, 1995).

서 군주성현의 역할, 공사의 확실한 구분에서 더 나아가 "마음의 사적 영역"에서 공적영역을 보려는 즉, 사적영역을 공적영역보다 더 위에 두어서 개인의 마음을 더 우월한 것으로 강조하는 "새로운 도"를 주창하였다는 것이다.

이로 인해, 모토오리에 의해 주자학에서 억제되었던 개인의 감정을 표출하는 문학이라는 장르가 개척되었고, 또 그렇게 되자 중국의 주자학보다 일본의 조상신인 아마테라스 오오미카미(天照大神)와 그의 자손인 천황에서 따뜻한 마음을 찾는 "국학운동과 천황제민족주의운동"이 나왔다는 것이다.

이러한 '천황제 민족주의운동'은 막부타도를 내건 명치유신세력에 의해 천황 밑에서 모두가 평등한 신민(臣民)이라는 '일군만민'(一君萬民)의 통치이념으로 변용되어 '천황제 민족국가주의' 만들기로 이어졌다. 천황제 민족주의는 일본 신민(臣民)들은 혈통적으로 거대한 하나의 가족이고, 그 정점에는 종가(宗家)인 아마테라스 천황이 있다는 이른바, '가족국가'의 논리구조를 갖는다.[9]

이 '가족국가론'에 기초한 천황제 민족주의는 청일전쟁과 노일전쟁 승리 후 일본 천황제 민족주의 국가의 부국강병을 위해 독일의 '국가주의'와 '사회유기체설'을 수용하여 '일본양명학'을 개발한 이노우에 데츠지로(井上哲次郎, 1855~1944)에 의해 고안되었다. 그는 자유로운 개인의 영혼 없이, '개인에 대한 국가의 절대우위'를 강하게 주장했다. 그는 천황에 대한 충성

9 나인호·박진우, "독재와 상징의 정치: 나치즘과 일본 파시즘의 정치종교." 임지현·김용우 편, 『대중독재 2: 정치종교와 헤게모니』(서울: 책세상, 2005), 201-202쪽.

과 부모에 대한 효를 "가족국가론"으로 일체화하는 '군사부일체'와 '만물일체'를 강조하였다.[10]

그러나 결국 국가주의에 맞서는 '개인의 자유로운 영혼'을 만들지 못한 일본의 민족개념은 '천황제 민족주의'에 근거한 '제국주의'와 '군국주의'로 갈 수밖에 없었다. 우리가 사용하는 '민족'이라는 개념은 일본이 독일의 'kulture nation'을 번역한 개념을 차용한 것이다. 즉 한국 민족주의의 출현은 독일과 일본에서 기원한다. 미국의 역사·정치 사회학자인 리아 그린펠드(Liah Greenfeld)에 따르면, 독일의 민족주의는 영국과 프랑스를 쫓는 후발주자로서 부러움과 증오가 혼재된 심리적 상태에서 혈통과 문화를 강조하는 독특한 민족의식을 발전시켰다는 보았다.

즉, 시민적·정치적 공동체를 강조한 영국, 프랑스의 '시민적 민족주의'(civic nationalism)와 달리 혈통과 문화를 강조하는 '종족적 민족주의'(ethnic nationalism)이다. 독일 민족주의가 자리 잡게 되는 데는 '원한감정'으로 번역되는 '르상티망'(Ressentiment)이라는 심리적 요소가 매우 중요한 역할을 했다.[11] 독일의 '종족적 민족주의'를 수입한 일본을 통해 우리에게 전해진 '종족적 민족주의'는 조선 이후 야만과 오랑캐로 무시해온 청, 일, 미에 의해 무너진 '친중소중화–위정척사'노선의 아픔과 한(恨)의 정서와 친화성이 크다.

---

10 김동규, "가족국가(家族國家)–일본 메이지기 공화정치 붕괴와 제국주의 형성에 대한 소론." 『정치와 평론』(2019년), 51–80쪽.

11 신기욱, "'국수주의적 포퓰리즘'에 부메랑 맞는다." 《동아일보》(2016.8.18).

5. 천황제 민족주의를 답습한 박정희·김일성 민족주의

일본의 천황제 민족주의는 시민들이 자유와 평등의 시민권을 갖는 견제와 균형의 민주공화국 건설을 포기했기에 제국주의와 군국주의로 나아갈 수밖에 없었다. 마루야마 마사오는 일본이 천황제를 기초로 맹목적인 국가주의와 제국주의적 팽창으로 나아가는 중요한 원인에는, '자율성을 지닌 근대적 개인'을 형성하지 못한 민주공화제의 실패가 핵심요인이라고 밝혔다.[12]

일본에 유학하면서 천황제 민족주의를 내면화시킨 량치차오(梁啓超)는 1902년 중국에 이것을 변용한 민족(民族)개념을 이식(移植)하기 위해 『민족경쟁의 대세를 논함(論民族競爭之大勢)』을 발표했고, 조선인들은 이것을 1900년 1월 12일자 《황성신문(皇城新聞)》과 1907년 《대한매일신문》과 《황성신문》에 소개하였다.

이러한 천황제 민족주의는 약간의 변형을 결쳐 식민지 조선에 이식되었다.[13] 식민지 한국의 민족주의자들은 사람들의 충성심을 종족적 민족으로서의 한국인이라는 새롭고 포괄적인 정체성으로 방향을 바꾸려고 했다.[14] 일제 식민지속 신민화교육을 강요받았던 조선인들과 만주국 장교였던 박정희와 만주에 어린 시절을 살았던 김일성에게도 내면화되었다. 해

---

12 Maruyama Masao, 'Patterns of Individuation and the Case of Japan: A Conceptual Scheme,' in *Changing Japanese Attitudes Toward Modernization*. edited by Marius B. Jansen (Princeton: Princeton University Press, 1965), p. 496.

13 노현종, "북한 사회주의 신정체제의 종교사회적 기원." 『세계지역연구논총』(2016년) 34권 4호, 239−276쪽.

14 신기욱, 『한국 민족주의의 계보와 정치』(서울: 창작과 비평, 2009), 67쪽.

방 이후 박정희 정권에 의해 민족중흥의 민족주의와 국가주의에 동원되었던 국민들은 자유로운 개인의 영혼 없이, 암암리에 '군사부일체'와 '만물일체'를 강조하는 '일본양명학'을 내면화할 수밖에 없었다.

일본은 패전 후 맥아더 사령부의 압력에 의해 전범체제인 재벌을 해체하면서도 민족분열만은 피해야 한다는 논리를 앞세워 '천황제 민족주의'를 유지하는데 사활을 걸었다. 결국, 천황제를 대신하여 시민의 자유와 평등에 기초한 민주공화제를 수립하려는 맥아더 장군의 계획은 실패하였다.

맥아더 장군의 이런 개혁실패는 고스란히 북한과 한국의 민주공화국 설립에 악영향을 미쳤다. 북한은 일본의 천황제 민족주의를 수용하여 김일성일가의 "수령제 민족주의"로 변형했고, 한국은 이것을 "박정희식 민족주의"로 변형하였다. 천황제와 수령제는 천황과 수령의 신격화, 군민일체화, 군대 우선, 경제의 국가화라는 점에서 공통점이 크다.

2008년 2월 1일 Radio Free Asia에서 미국 코네티컷 대학교의 김일평 정치외교학과 교수는 "김일성 김정일 부자가 최고의 지도자로 군림하고 주민들에게 김부자에 대한 충성과 희생을 강요하는 북한의 주체사상은 오직 천황의 절대 권력 아래 모든 국민이 복종해야 했던 일본의 제국주의 사상을 계승하고 있다"고 언급하였다.[15]

또한 대한민국 학술원 회원인 김철수 선생은 「2015 통일헌법안에 관한 연구: 통일헌법안과 제정이유」에서 "북한은 공화국이라고 하고 있으나 사실은 김일성 일족의 세습왕국이다 일제 강점기의 천황제를 김일성 일가가

15 이수경, "김부자 실체: 김일성 부자의 일제 계승." 자유아시아방송Radio Free Asia(2008.2.1).

모방한 것이다"라고 분석하고 있다. 이준식 연세대 국학연구원 교수는 "박정희는 일제 천황제 파시즘의 적자"라며 "천황제를 내면화했을 뿐만 아니라 스스로 한국의 천황이 되어 작은 일본을 만들려고 했다"고 비판했다.[16]

특히, 1980년대 CA(제헌의회) 운동권들이 교조적으로 도입했던 레닌주의식 사회주의운동론에 맞섰던 NL(민족해방)운동권들은 "박정희식 민족주의"에 맞서면서 한반도를 북한 김일성일가의 "수령제 민족주의"로 바꾸려고 애썼다. NL 운동권들은 북한과의 통일을 위해 북한 김씨일가의 참주정체제(tyranny)를 전 인민의 어버이로 모시는 "한민족 대가족주의"로 정당화하려고 애썼다.

대한민국 임시정부가 탄생한 지 100주년이 되었지만, 민주공화국 대한민국은 아직 완성되지 않았다. 민주공화국 완성을 위해서는 친일잔재를 청산하는 일이 시급한 일이 되었다. 여전히 우리 내부와 주변에 존재하는 "천황제(수령)민족주의"의 잔재인 민족주의의 문제점을 일소하는 것이 필요하다. 특히, 민족주의 애국심과 공화주의 애국심을 구분하는 일이 중요하다.

정치학자 비롤리는『나라사랑론』에서 공화주의 애국심을 "민중(people)의 공동의 자유를 지탱하는 정치제도들과 생활양식에 대한 사랑" 즉, "공화국에 대한 사랑"으로 정의하였다. 그는 공화주의의 적(敵)이 "참주정과 전제정, 억압과 부패"라면, 민족주의의 적은 "문화적 오염과 이질성, 인종적 비순수성, 사회적·정치적·지적 분열"이라고 구분한다. 민족주의가 동

16 조정훈, "박정희에게 민족보다 중요한 것은 국가." 《통일뉴스》(2012.11.7).

질적인 민족에 대한 '무조건적' 헌신과 충성을 가리킨다면, 공화주의 애국심은 우리 모두의 자유를 보장해 주는 정치제도들에 대한 '조건적' 사랑을 뜻한다고 구분한다.[17]

'식민지 근대화론'을 '민족주의론'으로 극복할 수 있을까? 근대화 개념은 논쟁사항이다. 근대화 핵심은 '개인주의'의 발견이 중요하다. 청교도 직업윤리와 소명의식에 따라 '개인주의'에 기초한 시장경제와 민주주의를 형성한 영미식의 '민주공화주의론'에서 볼 때, 식민지근대화론과 민족주의론은 근대화의 함량에 절대적으로 미달하고 있다.

'개인주의' 없는 식민지에서 자본주의 전개는 이기심을 부추기면서 민주주의의 부재로 인해 억압과 착취를 정당화하는 '재벌독재'와 '개발독재'를 키우며 정당화한다. 시장경제와 민주주의 및 개인주의 없는 '민족주의론'은 21세기 세계화, 탈냉전시대에 부응하는 시장경제와 민주주의 조응모델을 제시하지 못하기에, 식민지 자본주의의 길을 비판을 할 수는 있으나 이를 막지도 못하고, 이를 극복도 못 한다는 점이다.

애국은 두 종류가 있다. 공화주의 애국과 민족주의 애국. 외부 적에 대한 증오감을 선동해 상상의 공동체 국가를 만드는 게 민족주의(nationalism) 애국이다. 반대로 외부 적을 만들지 않고도, 내부, 외부 시민들이 연대하여 종교, 인종, 종족 등 차별 없는 보편적인 나라 만들어 자긍심 갖는 것이 공화주의(republicanism) 애국이다.

그렇다면 21세기 공화주의는 뭘까? 그것은 개인의 자유의 확대로 공을

17 M. Viroli, *For Love of Country: An Essay on Nationalism and Patriotism* (Oxford: Oxford University Press, 2003).

여는 '활사개공'(活私開公)과 "비지배적 자유(freedom as non–nomination)"의 새로운 문명국가를 추구하는 방법과 견해라고 할 수 있다. 이것은 개인 없는 '멸사봉공'(滅私奉公)의 민족주의와 국가주의 그리고 정치공동체 없는 '각자도생'(各自圖生)의 무정부주의나 이기주의 및 신자유주의와도 다르다.

6. 진영논리에 의해 국민상식이 파괴된 조국사태

조국 교수는 2019년 8월 9일 장관 후보자로 임명된 지 66일 만인 10월 14일 법무부 장관직에서 자진사퇴했다. 법무장관의 임명부터 사퇴까지 66일간의 '조국사태'는 우리 사회가 값비싼 대가를 치르게 했다.

그가 한국 사회에 남긴 과제와 숙제는 매우 무겁다.[18] 그가 법무부 장관 후보자로 지명되자마자 언론과 야당에 의해 5촌 조카와 아내가 연루된 사모펀드 의혹, 자녀 대학 입시 특혜의혹, 웅동 학원 의혹 등이 연일 제기되었다.

조국 후보자 가족들의 각종 의혹들이 연일 거대한 폭포수처럼 분출하면서 '조국사태'가 본격 시작되었다. 날이 갈수록 조국 후보자 가족들에 대한 의혹 제기는 심화됐고, 여기에 검찰수사까지 가속도를 높여가며 상황을 더욱 격화시키는 등, 연일 조국의혹 공방으로 사회와 정치권 전체가

18 권규홍, "66일간의 조국 사태…과연 우리 사회에 무엇을 남겼나." 《폴리뉴스》(2019.10.17).

거대한 조국 블랙홀로 빠져들어갔다.[19]

'조국사태'는 당초 고교생 딸의 의학논문 제1저자, 의학전문대학원 2차례 유급과 6차례 장학금 등에서 불거진 신분세습의 공정성 문제였다. 많은 사람이, 평소 공정과 정의를 강조해왔으나 이와 충돌하는 조국 교수의 위선과 자식교육과 관련하여 겉과 속이 다른 삶의 태도에 충격을 받았고, 이에 '내로남불'과 '강남좌파'라는 딱지를 붙여서 조소하였다.

문재인 대통령을 지지하고 검찰 개혁을 찬성하는 사람 중에서도 조국이 다른 장관도 아니고 사법행정을 관할하는 법무부 장관을 맡는 것에 반대하는 사람이 많았다.[20] 그래서 조국 후보자 '딸의 입시의혹 논란'이 확산되는 가운데 민주당에 대한 비판의 목소리가 커지자 당내 소신파인 박용진 의원과 송영길 의원이 국민의 목소리에 귀를 기울이고 민심에 적극적으로 반응해야 한다는 목소리를 냈다.

당시 박용진 민주당 의원(서울 강북구을)은 8월 21일 CBS라디오 '김현정의 뉴스쇼'와의 인터뷰에서 "우리 조국 후보자가 해명을 충분히 할 것이라고 믿고 있지만 만일 여기서 국민들이 납득하지 못하는 해명을 내놓는다"면 "최악의 상황으로 갈 수밖에 없다"며 "결단이 불가피한 상황"이라며 조국 후보 사퇴 불가피성을 거론하기도 했다. 박용진 의원은 조국 후보자에 대한 민심이반 원인에 대해 "다들 인정하시겠지만 교육 문제는 대한민국 국민들의 역린"이라며 "왜냐하면 우리 국민들이 결코 양보하지 못하

---

19 최병국, "조 장관 사퇴로 환국몰려와…대통령이 중심 잡아야." 《문화21》(2019.10.14).

20 신종수, "신종수칼럼–중도층의 재발견." 《국민일보》(2019.10.16).

는 기회 평등의 문제에 맞닿아 있기 때문"이라고 분석했다.

또한 송영길 의원도 당시 페이스북을 통해 "지금 가장 문제가 되는 것이 자녀 문제"라면서 "솔직히 말씀드려서 일반 국민이 볼 때 현재 제기되는 의혹들만 놓고 봐서는 납득하기 어려운 면들이 있어 보인다. 제가 봐도 외고 2학년 학생의 제1저자 등재가 이해가 안 가는 측면이 있는 것이 사실"이라고 지적했다.

송영길 의원은 이어서 "누구보다도 개혁적이고 원칙적인 진보적 학자로 인식된 조국 후보자가 국민정서에 맞지 않게 자녀들의 특목고 졸업과 대학/대학원 입학 과정에서 우리나라 일부 상위계층들이 보여주는 일반적 행태를 보여준 것은 마음을 아프게 한다"며 "이에 대한 후보자의 진솔한 해명과 배경설명이 필요하다"고 밝혔다.

그리고 '노사모' 대표를 지냈던 노혜경 전 청와대 국정홍보비서관은 8월 21일 SNS에 쓴 글에서 "'진영논리'로 이 문제를 바라보면 조국 후보자만 수호하면 될 것 같지만, 그 진영 내부에서부터 붕괴되고 있다"고 꼬집으면서 진영논리에서 탈피하여 '특권층의 입시부조리 개혁'으로 다룰 것을 제안했다.

하지만 유감스럽게도 조국 후보자는 이런 우려의 목소리를 외면했다. 그는 "제기된 의혹들이 모두 '가짜뉴스'이고 법적으로 어떤 하자도 없다"며, '적법'하다고 주장하면서 '무죄추정주의'를 주장하였다. 여기에 보조를 맞춘 조국후보 지지자와 여권은 조국 후보자의 위선과 허물을 비판하는 것을 자유한국당 지지자의 논리로 등식화하는 프레임을 만들어서 자유한국당의 위선과 허물은 조국을 비판할 자격이 없다는 식의 '진영논리'를 전개하였다.

특히, 검찰의 전방위적 수사를 계기로 '검찰=적폐=개혁의 대상'과 '검찰 개혁=조국 수호' 등식이 만들어지면서, 소신을 드러낸 진중권, 금태섭, 박용진, 김경률 등이 진영논리로 집단 공격을 받는 억압 구조가 생겼다. 조국을 수사하는 검찰을 쿠데타라고 공격하고 검찰개혁을 위해 조국을 수호하자는 진영논리의 궤변과 요설이 등장했다. 이런 상황에서 유시민 이사장(노무현재단)은 검찰수사를 '검란', '위헌적 쿠데타', '윤석열의 난'이란 진영논리의 표현을 썼고, 이것은 '조국사태'가 진영대결 구도로 완전히 전화되었음을 보여주었다.[21]

이와 같이, 조국 장관의 위선과 허물에 실망하고 분노하는 다수 국민의 국민정서와 국민법감정은 조국 지지자들과 집권세력의 비상식적인 궤변과 '우리 편의 불법·탈법은 끝까지 눈감고 가겠다'라는 몰상식적인 진영논리와 충돌하면서 상황은 급반전되었다.[22]

'조국사태'에서 가장 심각하게 드러난 건 조국 장관의 자질도 문제였지만 더 큰 문제는 국민의 정서와 법감정에 기초한 상식적 판단이 통하지 않는 파당적 진영논리에 갇힌 대한민국의 국가분열상이었다. 특히 국가원수로서 국민통합과 국가통합의 중심을 잡아야 할 대통령까지 파당적인 진영논리, 진영 감정에 갇힌 점이다.

특히, 변호사 경력 탓인지, 대통령은 국회의 견제를 받는 행정부 수반이자 국가원수로서 '정치적 판단'을 하지 않고, 대법원장처럼 실정법상의

21 최창렬, "'조국 수호'가 검찰 개혁인가?" 《프레시안》(2019.10.4).

22 채진원, "'구진보 강남좌파' 조국을 두둔할 여유가 없다." 《오피니언뉴스》(2019.8.23).

'사법적 판단'을 중시하는 태도를 보여주었다. 이런 대통령의 태도는 박근혜 대통령의 국정농단에 대해 사법적 판단보다 정치적 판단으로 정치적 탄핵추진을 지지했던 국민의 정서와 법감정과 충돌하였다.

진영 간의 감정대립으로 변질된 '조국사태'는 마침내 '서초동'과 '광화문'이란 두 개의 광장을 만들었다. 서초동파와 광화문파로 갈리는 양측의 주장은 '조국수호=검찰개혁'과 '조국사퇴=문재인 대통령 퇴진'으로 압축돼 서로 극단적인 대결구도로 적대감과 증오심을 강화했다.

결국, 이 극단적인 대결구도는 '조국사퇴'에 동의하면서도 '검찰개혁'을 지지하는 다수의 중도층을 소외시킬 수밖에 없었다. 각자의 태극기 깃발 안에서 서로의 증오감과 적대감을 증폭시키는 '광기의 진영논리'로 철저하게 무장하기에 바빴다. 이런 진영논리 안에서 탄핵으로 다 죽었던 자유한국당의 여론이 결집되어 30%대 정당지지율로 다시 회복했다.

정파적인 진영논리가 아닌 국민의 상식적 판단이 통하는 사회, 제 편이라고 무조건 감싸지 않는 건강한 사회는 작동되지 않았다. 진영논리는 어느새 국민을 편가르고 대한민국을 두 개로 쪼개는 만능열쇠가 되었다. 자신이 쏟아놓은 말·글과 살아온 행적이 들어맞는 구석이라곤 찾아보기 어려운 상식적인 삶을 살지 않는 공직자도 진영논리의 틀에 들어가면 면죄부를 받을 수가 있었다.

'조국사태'는 당초 진보와 보수의 진영논리가 아닌 불공정과 부정의가 무너진 것에 대한 실망과 분노였으며, 국민의 상식적 판단과 법감정에 맞게 처리하라는 문제 제기였다. 하지만 유감스럽게도 국민의 상식적인 정서와 법감정은 정파적 이익을 위한 진영논리에 의해 갇히면서 철저하게 파괴되었다.

물론 뒤늦게 조국 전 장관도 국민정서를 무시했다는 것을 인정하고 다음과 같이 말했다. "정치적 민주화에 관심 가지면서도 사회경제 민주화와 불평등 문제에 소홀했다. 부익부 빈익빈 문제가 해결되지 않았고, 거기에 앞장서 나서지 못했던 점, 저희 아이가 합법이라고 해도 혜택을 입었던 점을 반성한다."

7. 조국 장관을 사퇴시킨 중도층 여론과 공화주의적 교훈

국민의 상식적인 판단에 반하는 '조국사태'가 발생하자 국민의 실망과 분노는 커져갔다. 나날이 불거지는 조국 부부의 지나친 자식 챙기기는 지성인의 약삭빠름 차원을 넘어 공정과 정의를 파괴하는 일종의 새치기이자, 상식을 파괴한 특권층의 그릇된 행동으로 비춰졌다. 조국사태의 핵심은 진영논리가 아닌 상식파괴에 대한 분노와 개선요구였었다.

마침내 상식을 가진 합리적인 중도층의 목소리가 발동했으며 그것은 진영논리에 빠진 조국사태를 종결짓게 하는 새로운 동력으로 작동했다.[23] 집권당과 대통령에 대한 중도층의 지지층 이탈을 알리는 국민여론조사가 나왔다. 이 여론조사의 결과는 조국 장관의 사퇴와 대통령의 사과로 이어지게 하였다.

9월 19일 조국 장관 임명에 대해 국민 55%가 '잘못한 결정'이라는 리얼

23 최병국, "조 장관 사퇴로 환국몰려와…대통령이 중심 잡아야." 《문화21》(2019.10.14).

미터 여론조사(9월 3주차)가 나왔다. '잘못한 결정'이라는 부정평가(55.5%)가 '잘한 결정'이라는 긍정평가(35.3%)를 20.2%포인트 차로 앞섰다. 그 여론조사는 문재인 대통령의 국정지지도가 40%대 초반으로 하락하여 취임 후 최저치를 기록했다고 밝혀서 충격을 주었다. '국정수행을 잘못하고 있다'는 부정평가(53%)가 국정수행을 잘하고 있다'는 긍정평가(43.8%)를 9.2%포인트 차로 앞섰다. 문 대통령의 국정지지도는 중도층, 서울과 경기·인천, 호남, 충청권 등 대부분의 지역에서 하락했다.

특히, 20~30대 지지율이 급격히 하락해 조국 장관에 실망한 젊은 층의 상실감이 그대로 드러났다. 30대 지지율은 60.3%에서 11.8%포인트 하락한 48.5%로 나타났고, 48.7%를 기록했던 20대 지지율도 5.0%포인트나 빠져 43.7%를 기록했다. 공정과 정의를 강조해왔던 조 장관의 '내로남불'이 젊은 층의 강한 반감을 불러왔다는 분석이다.

서울대에서, 고려대에서, 부산대에서 '조국반대' 촛불시위가 이어졌다. 조국사태에서 가장 분노했던 세대는 청년세대였다. 그들은 조국 장관의 딸과 같은 또래들이다. 누구는 교수 부모와 인맥을 잘 둬서 고등학교도, 대학도, 의전원도 그냥 들어가고 장학금도 척척 받으니 어찌 허탈하지 않았겠는가.[24]

진영논리에 빠지지 않고 사안별로 옳고 그름, 상식과 비상식을 판단하는 중도층의 존재감이 조국사태에서 큰 반전을 일으켰다. 중도층은 두 진영으로 쪼개진 우리 사회에서 캐스팅보트 역할을 했다. 견고하게 30~

24 채진원, "586 정치권을 향하는 청년들의 분노와 동일노동 동일임금제." 《오피니언뉴스》(2019.9.21).

40%를 차지하고 있는 중도층은 좀처럼 조직화되지 않는 경향이 있었지만 이번 조국사태에서는 달랐다.[25]

진영논리에 의해 상식이 파괴되는 상황에서 마침내 '이것은 아니다'라며 참지 못한 중도층의 함성이 결집되어 집권당과 대통령의 지지율을 낮추는 방식으로 상황을 반전시켰다. 비록 만시지탄이지만, 지난 10월 14일 조국 장관은 여론악화를 의식하여 사퇴를 했다.

문재인 대통령도 11월 19일 MBC가 방영한 '국민이 묻는다, 2019 국민과의 대화'에서 '조국 사태'에 대해 "조국 전 장관의 문제는 그를 장관으로 지명한 취지와는 상관없이 결과적으로 많은 국민들에게 갈등을 주고 분열하게 한 것은 정말 송구스럽다는 말씀을 드린다. 다시 한번 사과 말씀을 드린다"고 밝혔다.

조국 장관의 사퇴 이후, 민주당 이철희 의원의 총선 불출마 선언이 있었다. 그의 불출마 선언은 조국 사태에 관한 당 지도부 성토와 책임론을 거론하는 계기가 되었다. 그의 총선 불출마 화두는 총선을 앞두고, 한국 정치에서 노골화되고 있는 진영논리와 기득권화된 586그룹의 문제점에 대해 깊이 성찰하는 기회가 되었다.

586그룹은 국민의 상식적인 눈높이에서 조국의 허물과 위선을 비판하는 민심을 거부했다는 점이다. 특히, 그들은 세계화, 정보화, 후기산업화, 탈냉전화, 탈물질주의화 등으로 표현되는 21세기 시대상황을 무시하는 민주 대 반민주, 진보 대 보수, 애국과 이적이라는 시대착오적인 이분법을 사용하여 '공화정신'을 외면했다는 점이다.

25 신종수, "신종수칼럼–중도층의 재발견." 《국민일보》(2019.10.16).

민주화된 지 30년이 넘는 만큼, 민주공화국의 정체성대로 "민주단계"에서 "공화단계"로 이행해야 하는 데, 그들은 여전히 민주 대 반민주, 진보 대 보수라는 시대착오적인 낡은 구호를 고집했다. 그들은 민주공화국이라는 정체성 그대로 공화정신인 경쟁과 협력을 추구하는 "경쟁자간의 공존정치"로 정치문화를 혁신해야 하는데, 시대상황에 부합하지 않게 기득권을 지키기 위해 적과 동지를 구별하는 "적대정치"를 고집했다.[26]

586 그룹의 행태는 독재와 싸우면서 독재적 습속을 배운 측면이 강하다. 그들은 선거경쟁이라는 '대의민주주의 제도'에 친화적이지 못한 전근대적 '습속'의 충돌을 보였다. 그들은 조국의 허물과 위선을 비판하는 사람들을 자한당 지지자로 매도하거나 적대화하며 상대를 괴멸과 타도 및 숙청의 대상으로 보는 진영논리 습속을 보여주었다. 이러한 습속은 선거경쟁을 외면하고 민심을 왜곡한다는 점에서, 선거경쟁으로 국민의 선택을 받겠다는 대의민주주의제도에 부합하지 않는 시대착오적인 독재규범이다.

시시때때로 좌우 진영으로 편을 갈라 싸우는 한국의 파당정치문화는 조선의 사색당파와 개화기 위정척사파, 동도서기파, 개화파들의 당쟁습속을 닮았다. 자신은 성인군자이고, 상대는 사악한 소인배로서, 위정척사(衛正斥邪)하고 권선징악(勸善懲惡) 해야 한다는 논리이다. 어쩌다가 반칙과 특권을 부추기는 입신출세와 선악을 가르는 위정척사 사회를 만들었을까?

26 채진원, "586의 '쇄신과 하방'을 촉구하는 이철희의 불출마선언." 《오피니언뉴스》(2019.10.19).

여러 의견이 있겠지만, 그것은 아마도 공화주의와 충돌하는 전근대적인 유교와 가부장적인 가족주의 습속이 여전히 작동하고 있기 때문은 아닐까? 우리 헌법 1조 1항은 대한민국의 정체성을 '민주공화국'에서 찾는다. 민주공화국은 민주국(democracy)을 넘어서 공화국(republic)을 지향하는 혼합정체이다. 민주단계가 어느 정도 진척된 만큼, 이제는 공화 단계로의 이행이 절실하다. 공화주의를 방해하는 낡은 폐습들을 혁신하는 계기가 필요하다.[27] 특히, 공화주의를 실현하기 위해서는 586그룹의 정치행태를 극복하고, "동일노동 동일임금 연대임금제"를 실현하는 게 필요하다.

8. "동일노동 동일임금제"를 통한 '고용주도성장'

결국 586그룹은 '조국사태'에서 반칙과 특권을 거부하는 상식의 세상과 원칙 있는 패배를 추구한 노무현의 공화주의 정신을 거부하는 구태를 보이면서 지탄의 대상이 되었다.

1987년을 기준으로 민주화운동을 시작한 지 30년이 넘었다. 하지만 산업화와 민주화에 성공한 한국의 기득권 정치는 역설적으로 "헬조선 신양반사회(수저계급사회)"를 만드는 데 성공하였다. 그 속에서 일부 청년들은 헬조선 흙수저를 자조하며 '일베'가 되고, 또 일부 청년들은 '일베'와 미러링으로 맞서 싸우는 '워마드'가 되었다. 또 일부 청년들은 욜로족으로 살면서 비트코인에 빠졌다.

27 채진원.『공화주의와 경쟁하는 적들』(서울: 푸른길, 2019).

2015년 IMF 보고서 결과는, 산업화의 과실은 상위소득 1%인 재벌과 부자들에게 그리고 민주화의 과실은 차상위 소득 10%인 조직된 상층노동인 한국노총과 민주노총 그리고 그들의 정치적 대변자인 586그룹에게 배타적으로 돌아갔음을 웅변한다. 결국 성안의 재벌과 상층조직노동이 담합하여 성 밖의 비정규직과 흙수저 청년들을 약탈하며 국민소득의 45%를 차지하는 데 성공했다는 것을 의미한다.

IMF 위기 속에서도 상위소득 10%의 상층조직노동은 임금소득을 19%씩이나 올리면서 비정규직과의 임금격차를 더욱 벌리고, 고통분담을 회피하면서 민주화의 과실을 독점했다. 586 그룹은 민주화의 과실을 독점하고 고통분담을 외면한 상위소득 10%를 견제하지 않고, 충실히 대변했다.

정치권 586그룹은 586세대의 기득권을 보여주는 대표적인 예이다. 이들이 30대 중후반이던 2004년 총선에서 30대 정치인은 23명이었다. 하지만 그 이후 30대 국회의원 당선자 숫자(2008년 7명, 2012년 9명, 2016년 2명)는 줄었다. 그 사이 586그룹의 입지는 점점 커졌다. 2016년 총선 때 586그룹의 당선자는 132명으로 전체 국회의원의 44.0%에 달했다. 더욱더 586그룹이 시민단체와 노동단체와 연계되면서 그들의 기득권과 파워는 더욱 커졌다.[28]

결국 586그룹은 상층의 조직노동인 민주노총, 한국노총을 과대 대표하고 비정규직과 여성노동을 과소 대표하게 되었다. 그들은 민주노총, 한국노총을 기반으로 하는 기득권 정당의 논리를 과다하게 대변하면서 금수

28 서민준·이태훈, "대한민국 富와 일자리 거머쥔 '586'." 《한국경제》(2019.10.13).

저 계급의 신분세습과 권력세습을 방기함으로써 사실상 청년세대들을 흙수저로 루저화하는데 역할을 했다.

이같이 노동계와 유착한 586그룹의 기득권적 태도를 통계를 통해 학술적으로 드러내고 비판한 학자는 『불평등의 세대』를 쓴 이철승 서강대 사회학과 교수였다. 이철승 교수는 한겨레신문 기자와의 인터뷰에서 "586세대가 민주화운동으로 얻은 기회와 특권으로 후속세대에게 분배되어야 할, 부와 권력을 지난 15년 이상 장기적으로 독점"하면서 "이제는 불평등의 치유자가 아니라 불평등의 생산자이자 수혜자로 등극했다"고 비판하였다.[29]

이철승 교수는 "지금 우리 사회는 정규직 노조와 자본이 연대해서 하청과 비정규직을 착취하는 구조다. 1% 대 99%가 아니라 20%가 80%를, 또는 50%가 50%를 착취하는 사회"라고 진단하면서 386세대의 양보를 주장했다. 그는 "386세대가 다 물러나라는 이야기를 하는 것이 아니다. 자제하자는 거다. 어차피 386세대를 몰아낼 조직력 있는 다른 세대는 없다. 권력을 가진 386세대가 자식 세대를 생각해서 스스로 풀어야 한다"고 했다.

민주화를 바랐던 586세대들이 보다 자유롭고 보다 평등한 세상을 꿈꿨다면, 어찌 성안의 상위소득 1%와 차상위 소득 10%가 국민소득의 45%를 차지하면서 성 밖의 비정규직과 흙수저 청년들을 착취하는 헬조선 신양반사회(금수저계급사회)를 만들어서 세습하려는 것을 보고만 있었겠는

29 김지훈, "'권력 장악 '막강 386세대' 양보해야 자녀 세대가 산다'." 《한겨레》(2019.8.11).

가?

그래서 청년문제의 본질은 단순한 "남녀대립 문제"도 "부모세대와 청년세대의 대립문제"도 아니다. "IMF 소득불평등구조에서 금수저에 의한 흙수저 착취문제", 상위소득 1%와 차상위소득 10%의 담합에 의한 비정규직과 여성의 임금차별과 약탈로 보는 게 적실성이 크다.

그러나 약자인 흙수저들이 강자인 금수저에게 저항해야 함에도 불구하고, 저항할 수 없기에, "여혐과 남혐의 젠더차별대결"이나 "일베 대 워마드의 대결"로 변질되고 이른바, '르상티망'(열등감, 원한감정)의 정서로 표출되어 문제해결이 어렵다는 점이 딜레마다.

청년문제의 해결을 위해서는, 금수저의 부모세대들인 상위소득 1%와 차상위 소득 10%인 '헬조선 기득권체제'가 문제이고, 이러한 체제가 혁신 없이 유지되고 세습되는 원인이 바로 '상위소득 10% 기득권을 과다 대표하는 586그룹'이라는 것을 분명히 인식할 필요가 있다.

따라서 그 해법은 스웨덴 사민당이 추진했고 노무현 대통령이 제안했던 것처럼, 정규직이든 비정규직이든, 남성이든, 여성이든 비슷한 일에 대해 비슷한 임금(정규직의 80% 수준까지 임금)을 주는, "동일노동 동일임금 연대임금제"를 제도화하는 실천이 필요하다.[30]

"동일노동 동일임금 연대임금제"를 위해 청년들이 남녀의 성별이나 일베와 워마드를 떠나서 헐벗은 동료시민으로서 서로 연민하고 연대해야 한다. 정규직과 비정규직 임금격차 문제를 건드리지 않는 문재인 정부의 소

30 채진원, "586 정치권을 향하는 청년들의 분노와 동일노동 동일임금제." 《오피니언뉴스》(2019.9.21).

득주도성장의 한계가 명확한 만큼, "동일노동 동일임금제"를 통한 '고용주도성장'으로 정책을 전환하는 게 절실하다.

참고문헌

권규홍. 2019. "66일간의 조국 사태…과연 우리 사회에 무엇을 남겼나." 《폴리뉴스》(10.17).

김동규. 2019. "가족국가(家族國家)—일본 메이지기 공화정치 붕괴와 제국주의 형성에 대한 소론." 『정치와 평론』. pp. 51—80.

김범진. 2019. "2019년 올해의 사자성어 '共命之鳥'." 《교수신문》(12.15).

김지훈. 2019. "'권력 장악 '막강 386세대' 양보해야 자녀 세대가 산다'" 《한겨레》(8.11).

나인호·박진우. 2005. "독재와 상징의 정치: 나치즘과 일본 파시즘의 정치종교." 임지현·김용우 편, 『대중독재2: 정치종교와 헤게모니』. 서울: 책세상,

노현종. 2016. "북한 사회주의 신정체제의 종교사회적 기원." 『세계지역연구논총』 34권 4호. pp. 239—276.

마사오, 마루야마. 김석근 역. 1995. 『일본정치사상사연구』. 서울: 통나무.

서민준·이태훈. 2019. "대한민국 富와 일자리 거머쥔 '586'." 《한국경제》(10.13).

신기욱, 2009. 『한국 민족주의의 계보와 정치』. 서울: 창작과 비평.

신기욱, 2016. "국수주의적 포퓰리즘에 부메랑 맞는다." 《동아일보》(8.18).

신종수. 2019. "신종수칼럼—중도층의 재발견." 《국민일보》(10.16).

이수경. 2008. "김부자 실체: 김일성 부자의 일제 계승." 자유아시아방송/Radio Free Asia(2.1).

조정훈. 2012. "박정희에게 민족보다 중요한 것은 국가." 《통일뉴스》(11.7).

채진원. "586의 '쇄신과 하방'을 촉구하는 이철희의 불출마선언." 《오피니언뉴스》(10.19).

채진원. 2019. "'구진보 강남좌파' 조국을 두둔할 여유가 없다." 《오피니언뉴

스》(8.23).
채진원. 2019. “586 정치권을 향하는 청년들의 분노와 동일노동 동일임금제.” 《오피니언뉴스》(9.21).
채진원. 2019. “일본 민주공화제 실패로 본 우리나라 민주공화제.” 《오피니언뉴스》 칼럼(4.20).
채진원. 2019. “조국의 ‘가짜애국론’ 넘어 안중근의 ‘공화주의 애국’으로.” 《오피니언뉴스》(8.3).
채진원. 2019. 『공화주의와 경쟁하는 적들』. 서울: 푸른길.
최병국. 2019. “조 장관 사퇴로 환국몰려와…대통령이 중심 잡아야.” 《문화21》(10.14).
최장집. 2019. “한국 민족주의의 다성적(polyphonic/多聲的) 성격에 관하여.” (3.15).
최창렬. 2019. “‘조국 수호’가 검찰 개혁인가?” 《프레시안》(10.4).
Masao, Maruyama. ‘Patterns of Individuation and the Case of Japan: A Conceptual Scheme,’ in *Changing Japanese Attitudes Toward Modernization*. edited by Marius B. Jansen (Princeton: Princeton University Press, 1965).
Viroli, M. 2003. *For Love of Country: An Essay on Nationalism and Patriotism*. Oxford: Oxford University Press.

부록

일본 공화주의자 하토야마 전 총리께 보내는 편지

존경하는 하토야마 총리님,

우리는 한국에서 공화주의 정치운동을 펼치고 있는 21세기공화주의클럽으로서 일본과 여타 동아시아 나라들이 적대적 민족주의에 의해 반목하고 있는 현상황을 극복하고자 노력해오신 총리님께서 공화당이라는 기치하에 일본에서 새롭게 공화주의 정치운동을 시작하신다는 언론보도를 접하면서 매우 고무되었고 기뻤습니다.

총리님도 잘 알다시피 일본과 한국의 기득권 세력은 포용성에 기반을 둔 공화주의 대신 맹목적 증오에 기반을 둔 배타적 민족주의에 따라 정치를 이끌면서 사실상 국민의 복리를 저버리고 재벌(대기업)–중앙관료를 중핵으로 하는 기득권의 성채를 굳건히 유지하려 획책하고 있습니다. 이들한·일 기득권세력들은 한국과 일본의 대립을 기득권 공고화에 이용하는 이른바 적대적 공생관계를 유지해왔습니다. 일본에서 아베정권은 특히 이러한 적대적 공생관계를 더욱 강화하려 하고 있고, 한국의 정권들도 계속해서 역사적 원인에 연유한 대일 적개심을 더욱 부추기면서 이를 정치적으로 이용하려 하고 있습니다.

적대적 한·일 관계는 그 자체로도 좋지 않은 것이지만, 그것이 한국과 일본 국내정치에 있어서 민주주의의 발전과 국민복리의 향상에 구조적인 방해물이 되고 있기 때문에, 한·일 양국의 뜻있는 사람들이 국경을 넘어 함께 협력해나가면서 배타적인 민족주의를 더욱 포용적인 공화주의로 대체해나가는 작업을 적극적으로 시작해야 할 때라 생각합니다.

우리 한국의 21세기공화주의클럽은 공화주의에 입각한 정치개혁을 목표로 하면서 현재의 시작단계에서는 주로 교수, 관료, 상공인, 사회운동가 출신들로 구성되어 있으며, 우리 회원들은 공화주의 관련 서적들을 한국에서 선도적으로 번역소개해왔으며, 금년부터는 우리 클럽 명의로 공화주의총서 발간을 시작했습니다. 지난 10월 1일에 국회에서 공화주의에 관심이 있는 여야 국회의원들 및 사회운동가들을 초치한 자리에서 총서 제1권 『21세기공화주의』의 출판기념회를 가지기도 했습니다. 현재 한국에서 공화라는 이름으로 활동하는 우익 정치단체들이 있는데, 이들은 과거 유신시대 박정희 전 대통령이 만든 민주공화당, 약칭 공화당을 계승하겠다는 사람들로서 사실상 비공화주의적인 사람들입니다. 일본의 공화주의 운동측에서 이 점에 주의하셔야 할 것입니다.

존경하는 하토야마 총리님, 우리는 문명의 새로운 중심으로 거듭나고 있는 동아시아가 적대적 민족주의에 함몰되어 각국 국민들을 오도하면서 진정한 민주주의와 국민복리 진전을 방해하는 것을 더 이상 좌시해서는 안 될 것이며, 이를 위해 한·일 양국 공화주의자들이 연대를 더욱 강화해야 할 것입니다. 우리 조직이 아직은 시작단계에 있습니다만, 한·일 양국에 있어서 민주주의, 국민복리, 평화를 더욱 진전시키기 위해 오랫동안 노력해오신 총리님 그리고 총리님의 동지들과 언제든지 국경을 넘어 적극적으로 협력하고자 합니다. 『논어』에서 공자가 "덕불고, 필유린(德不孤, 必有隣)"이라 했는데, 해협 너머에 뜻이 같은 동지들이 있어 얼마나 마음 든든한지 모르겠습니다. 한·일 관계와 한·일의 국내정치를 근본적으로 변화시켜 한·일이 유럽의 프랑스, 독일처럼 세계 평화번영의 한 축을 새롭게 만들어 가도록 우리들도 최선의 노력을 다하겠습니다.

우리 클럽을 한국에 있는 공화주의 동지라 생각하시고 총리님 또는 총리님의 동지들이 방한할 때 연락 주셔서 회동할 수 있기를 바라오며, 또한 저희 클럽에서도 총리님 편하신 시간에 대표단을 일본에 보내 총리님, 총리님의 동지들과 더불어 미래의 계획을 함께 논의할 수 있는 날이 조만간 오기를 바랍니다.

총리님의 건승과 일본 공화당의 성공, 그리고 한·일 양국에서 공화주의의 승리를 간절히 기원합니다. 새해 복 많이 받으시기 바랍니다.

2020년 1월 10일

21세기공화주의클럽

상임공동대표

강경선

Honourable Prime Minister Hatoyama,

We, the 21st Century Republican Club, which is leading a political movement based upon republicanism in Korea, were very happy and encouraged to know that you have recently started a new republican movement in Japan under a flag of Republican Party. We have already seen your efforts to overcome the present situation of East Asia in which Korea, Japan and other countries stay mired in ethnic nationalism and keep hostile against one another.

As you know, the establishments of Korea and Japan, relying on exclusive nationalism based on blind hostility, are seeking to defend the strong castles of their own self–interest, the main fortifications of which are big business and central bureaucracy, while ignoring common citizens' welfare. The establishments of Korea and Japan, therefore, actively make use of the trick of 'hostile symbiosis', i.e. the trick of stirring up hate against the other country with a view to strengthening their local grip. Reliance on the trick has become heavier in Japan since the 2nd Abe Cabinet, while governments of Korea also continue to stir up the anti–Japan sentiment rooted in the past Korea–Japan history with their own political interest in mind.

Hostile bilateral relation between Korea and Japan is undesirable in itself. But, it is the worse because it plays an imbedded obstacle to the development of democracy and the improvement of people's well–being in each country. It is the reason why enlightened people of Korea and Japan should cooperate across the border to start a common work of replacing the exclusive nationalism by the inclusive republicanism.

We, the 21st Century Republican Club, seek to reform Korean politics on the basis of republicanism and have professors, former bureaucrats, businessmen, NGO activists as starting members. Our members have published books on republicanism individually, and our club has begun to publish a series of books on republicanism collectively. The publication event of the first book of the series—entitled *The 21st Century Republicanism*—was held in last October at a conference hall of the National Assembly, attended by assemblymen (MPs) of ruling and opposition parties and NGO activists. Now in Korea, several rightist groups use—misuse—the word 'republican' for their name plates to our dismay, but their political positions are actually distant from genuine republicanism. They just want to be associated with the past Democratic Republican Party (shortly Republican Party) which was founded in 1960s by former President Park Jung Hee during the period of military junta. Republicans of Japan would better be advised to beware this fact.

Honourable Prime Minister Hatoyama, we good republicans cannot look away from the current situation in which hostile nationalism running rampant across East Asia misleads citizens of each country and hampers the advancement of democracy and welfare in the region. We, therefore, should strengthen our solidarity across the border. Our club is just in the beginning phase, but we want to cooperate across the border with you who has long made every effort to help improve democracy, welfare, and peace in the region, and your republican friends in Japan. Reminding ourselves of the time-honoured phrase "virtuous person cannot be solitary; he must have friends nearby" from the *Confucian Analects*, we are happy and encouraged to know that there are friends beyond the Korea-Japan Strait. We will make our best effort to help fundamentally change the bilateral relation between Korea and Japan and the domestic politics of our country, and make our two countries into a new axis of peace and prosperity in East Asia just like France and Germany in Europe.

We hope that you may think of our club as your 'comrades in arms' in Korea. We also hope that we can meet before long and discuss our future plan together when you and your friends visit Korea or when we send our representatives to Japan at a convenient time for you.

We wish you good health and the success of the Republican Party of Japan. We also earnestly wish the final victory of republicanism in Korea and Japan. Happy New Year!

10 January 2020

KANG Kyong Son, PhD of Law

Standing Representative

The 21st Century Republican Club, Korea

Emeritus Professor

Korea National Open University

(E-mail) kangks@knou.ac.kr

(c.p.) +82 (0)10 8869 0099

저자 약력

한면희

현 성대 초빙교수, 성대 철학박사, 21세기공화주의클럽 공동대표.

전 녹색대 대표(교수), 한국환경철학회 회장, 창조한국당 대표(대행).

저서로 『초록문명론』과 『미래세대와 생태윤리』, 『제3정치 콘서트』 등 다수.

윤원근

현 경희대 후마니타스칼리지 교수. 부산대 사회학박사.

동감문명·기독교연구소 소장.

저서로 『애덤 스미스의 국부론을 말하다』, 『동감신학』, 『문명의 문법과 현대문명』 등 다수.

김동규

현 케임브리지대 박사후보, 21세기공화주의클럽 정책위원장.

서울대 정치학과 졸업, 외무고등고시 29회 합격, 전 외교부 외무관.

『서양정치철학사1』과 『공화주의』 공역.

조민

고려대 정치학박사, 통일연구원 전 부원장

현 21세기공화주의클럽 공동대표.

저서로 『평화통일의 이상과 현실』 및 『한반도 평화체제와 통일전망』 외 다수.

함규진

현 서울교육대학교 교수, 성균관대 정치학박사.

전 민주평화통일자문회의 상임위원, 한국정치학회 특임이사.

저서로 『개와 늑대들의 정치학』, 『벽이 만든 세계사』, 『왕의 밥상』 등 다수.

채진원

현 경희대 공공거버넌스연구소 전임연구원/연구교수, 21세기공화주의클럽 정책위 부위원장.

경희대 정치학박사로 '정당과 선거,' 'NGO와 정부관계' 등 강의.

저서로 『무엇이 우리정치를 위협하는가』와 『공화주의와 경쟁하는 적들』(2019) 등 다수.

21세기 공화주의와 공동선, 한국

발행일 1쇄 2020년 9월 25일
지은이 21세기공화주의클럽
펴낸이 여국동
펴낸곳 도서출판 인간사랑
출판등록 1983. 1. 26. 제일-3호
주소 경기도 고양시 일산동구 백석로 108번길 60-5 2층
전화 031)901-8144(대표) | 977-3073(영업부) | 031)907-2003(편집부)
팩스 031)905-5815
전자우편 igsr@naver.com
블로그 http://blog.naver.com/igsr
인쇄 인성인쇄 **출력** 현대미디어 **종이** 세원지업사

값 15,000원
ISBN 978-89-7418-413-1 93340

이 도서의 국립중앙도서관 출판시도서목록(CIP)은 서지정보유통지원시스템 홈페이지(http://seoji.nl.go.kr)와 국가자료공동목록시스템(http://www.nl.go.kr/kolisnet)에서 이용하실 수 있습니다.
(CIP제어번호: CIP2020036243)